2024年度河南省教师教育类省级优质课程建设项目“小学语文教材分析与教学设计”（教师〔2024〕21号）的阶段性成果

小学语文课程教学与设计

蒯秀丽　韩桂玲　著

广东高等教育出版社
Guangdong Higher Education Press
·广州·

图书在版编目（CIP）数据

小学语文课程教学与设计 / 蒯秀丽，韩桂玲著． -- 广州：广东高等教育出版社，2025.6. -- ISBN 978-7-5361-7825-0

Ⅰ． G623.202

中国国家版本馆 CIP 数据核字第 2025MC8092 号

出版发行	广东高等教育出版社 地址：广州市天河区林和西横路 邮政编码：510500　电话：（020）87553335 http://www.gdgjs.com.cn
印　　刷	广州小明数码印刷有限公司
开　　本	787 毫米×1 092 毫米　1/16
印　　张	10.75
字　　数	199 千
版　　次	2025 年 6 月第 1 版
印　　次	2025 年 6 月第 1 次印刷
定　　价	38.00 元

前　言

- QIANYAN -

党的二十大报告从“实施科教兴国战略，强化现代化建设人才支撑”的高度，对“办好人民满意的教育”作出专门部署，凸显了教育的基础性、先导性、全局性地位，彰显了以人民为中心发展教育的价值追求，为推动教育改革发展指明了方向。2018 年，《中共中央国务院关于全面深化新时代教师队伍建设改革的意见》提出，要大力振兴教师教育，要加强师范院校建设，并对各级各类教师提出了高标准和新要求。教师是教育发展的第一资源，是国家富强、民族振兴、人民幸福的重要基石。同年，《教育部关于实施卓越教师培养计划 2.0 的意见》明确提出了“面向培养素养全面、专长发展的卓越小学教师，重点探索借鉴国际小学全科教师培养经验、继承我国养成教育传统的培养模式”的任务，指明了卓越小学教师培养改革的基本方向。高质量的小学教师教育，是高质量基础教育的重要保障，培养的师范生要能够适应基础教育教学改革的师资需求。

语文是我国中小学学生学习的母语课程。叶圣陶先生在《认真学习语文》中指出：“什么叫语文？平常说的话叫口头语言，写到纸面上叫书面语言。语就是口头语言，文就是书面语言。把口头语言和书面语言连在一起说，就叫语文。”《义务教育语文课程标准（2022 年版）》也指出：“语文课程是一门学习国家通用语言文字运用的综合性、实践性课程。工具性与人文性的统一，是语文课程的基本特点。语文课程应引导学生热爱国家通用语言文字，在真实的语言运用情境中，通过积极的语言实践，积累语言经验，体会语言文字的特点和运用规律，培养语言文字运用能力；同时，发展思维能力，提升思维品质，形成自觉的审美意识，培养高雅的审美情趣，积淀丰厚的文化底蕴，继承和弘扬中华优秀传统文化、革命文化、社会主义先进文化，增强对习近平新时代中国特色社会主义思想的理解和认识，全面提升核心素养。”在义务教育阶段，语文课程对培养全面发展的时代新人具有不可替代的价值。

小学语文课程教学与设计是研究小学语文教育及其规律的一门课程，也是小学教育专业核心课程。这一课程的教学实施旨在培养师范生较丰富的小学语文教学知识和坚实的理论基础，使其能够初步掌握小学语文教学的基本技能，具备小学语文教学的基本理论和实践素养，夯实师范生的专业素养，增强其教育责任感，为今后的职业生涯及专业发展奠定基础。

本书从一线教学实践与研究出发，结合《义务教育语文课程标准（2022年版）》和新课改实践，借鉴现代教育教学新理念，阐述语文教学基本知识与理论，结合案例、课例，介绍了语文课程的性质与目标、基本理念、教学设计、识字与写字教学、阅读与鉴赏教学、表达与交流教学、梳理与探究教学、课程与教学评价以及教师专业发展等九个模块内容，是一本既具理论价值又有现实指导意义且富有特色的小学教育专业书籍。

本书在深刻领会《小学教师专业标准（试行）》《教师教育课程标准（试行）》《中小学和幼儿园教师资格考试标准（试行）》《小学教育专业认证标准》等国家教师教育方针政策精神实质的基础上，努力体现思想性、时代性、理论性、实践性等特点；把“立德树人”作为语文教育的第一任务，把“语言文字训练和思想教育相统一”作为语文教育的第一原则，把“培根铸魂、启智增慧”作为语文教师专业发展的核心内容，加入拓展阅读之教育故事、教育评论，对学生进行思想引领，激励学生以教育家为榜样，大力弘扬教育家精神，牢记为党育人、为国育才的初心使命，树立“躬耕教坛、强国有我”的志向和抱负，发挥课程思政的作用；以《义务教育语文课程标准（2022年版）》为指南，根据新教材的编写特点进行教学设计，体现了较强的时代性；通过系统阐述小学语文课程与教学的基本理论及小学语文教学设计的主要内容和方法，体现了较强的理论性，使小学教育专业的学生对小学语文课程、教学形成整体的认识；在强调教育教学基础理论学习的基础上，紧密结合语文教学中的实际案例，在教学中加强实践，提升师范生教学设计能力，实现其与小学教育教学实践的有机结合。

本书以问题为导向，以实践为取向，结合典型案例，既向学生介绍系统、科学的语文教育理论，又注重联系实践，引领学生在实践中反思和创新，能有效地帮助教师实施问题导向式教学。

本书适合高等院校小学教育专业本科教学使用，也可作为小学语文教师继续教育或进行教学研究的参考书。

由于编者的研究水平有限，在编写中难免存在一些不足，敬请各位专家和广大读者多提宝贵意见。

蒯秀丽　韩桂玲

2024 年夏

目录

第一章　语文课程概述

本章主要梳理了我国语文教育古代蒙学教育、近现代小学语文教育和当代小学语文教育三个阶段的发展历程，有机融合了学科核心素养与语文教学，从而感悟语文课程的教育思想；同时结合案例，从语文的工具性、人文性和两者统一分析了语文课程的性质；并以小学语文课程的性质为依据，分析《只有一个地球》教学设计。

第一节　我国语文课程教育的历程

我国的语文教育源远流长，最早可以追溯到先秦时期。但我国古代的语文教育并没有独立设科，而是作为以语言教育为基础，集经、史、哲为一体的综合性教育。按照各个时期语文教育的特征，结合历史分期，我国的语文教育大致可以划分为经文时期——古代语文教育、国文时期和国语时期——近现代语文教育、语文时期——当代语文教育。小学语文教育是我国语文教育的一个重要组成部分，是主要针对接受启蒙教育的儿童进行以识字、写字为主的基础教育，在古代称“蒙学教育”；在语文独立设科以后，也包含针对七八岁到十五岁儿童的习字课、国文课；五四运动后则有专门为小学开设的国语课；中华人民共和国成立以后，在小学开设的语文课就被定名为“小学语文”。

一、 我国古代蒙学教育

（一）蒙学与古代小学语文

蒙学是古代专门为七八岁至十五岁儿童设立的启蒙教育机构。我国古代十分注重对儿童进行启蒙教育，先秦两汉时期就很重视对儿童进行以识字和句读训练为主的启蒙教育。据刘歆《七略》记载："古者八岁入小学，故周官保氏掌养国子，教之六书，谓象形、象事、象意、象声、转注、假借，造字之本也。"可见，中国古代也设"小学"，其最初含义是指对学龄儿童实施初等教育的学校。也有学者认为，我国古代教育家将儿童从识字开始到十五岁入大学之前这一阶段称为蒙学阶段。所谓蒙学教育，指这一阶段幼童和少年的教育，包括幼儿学前教育和部分小学教育，是连接小学与学前教育的启蒙教育。蒙学阶段的教育和教学主要由私学来承担。

综上所述，古代小学教育就是以识字和句读训练为主的启蒙教育，不管是教育模式还是教育目标，都与我国现代小学语文教育接近。

（二）古代蒙学教育的内容

识字教育是古代蒙学教育的主要内容，集中体现在为蒙学编写的蒙学读本中。最早的蒙学读本是西周时期的《史籀篇》，它被看作我国小学语文教材的源头。南朝周兴嗣编写的《千字文》将 1 000 个无序的单字缀成韵语，上讲天文，下讲地理，说帝都、朝廷、典章、人物之盛，又涉及修身、处世、治家、治国、务农、习文、饮食、居住、应酬、器用、祭祀等各个方面。《三字经》是另一影响巨大的蒙学读本，据传为南宋学者王应麟所撰。《三字经》涵盖了历史、天文、地理、道德以及一些民间传说，既是识字教学的教科书，也是伦理道德教育读本。虽然其中有些思想具有历史的局限性，但由于语句短小精悍、朗朗上口，千百年来家喻户晓，成为中华民族珍贵的文化遗产。与《千字文》《三字经》具有同样影响的还有宋人所编的《百家姓》。该书本来收集 411 个姓，后增补到 504 个姓，其中单姓 444 个，复姓 60 个，通篇采用四言体例，句句押韵。虽然它的内容没有文理，但读来顺口，易学好记，与《千字文》《三字经》相配合，成为我国古代蒙学的固定教科书。

除识字教学以外，我国古代的蒙学教育也开始进行一些阅读和写作教学。儿童一般从入学第三年开始，就阅读一些比较粗浅的文章，如《书言故事》《蒙养图说》《童蒙观鉴》等，也接触一些诗歌，如《千家诗》等。写作教学则注重基本功的训练，大多从模仿入手，提倡多读、多背、多写。

（三）古代蒙学教育的特点

1. 以识字为主的综合性教育

识字是蒙学教学最主要的内容，古代蒙学教育把蒙学作为儿童学习知识和提高修养的奠基性学习场所。《三字经》《百家姓》《千字文》加起来有两千多个汉字，儿童通过一年左右的学习，就能具备初步的阅读能力，达到初级阅读所需的基本识字量。

在识字教科书中，除了识字内容外，还融入了伦理道德、政治、历史、自然与生活常识的教育。最早广泛使用的蒙学教科书《急就篇》，仅两千个字左右，却包括众多姓氏、器物、动植物、疾病药物、人体器官名称，还涵盖了官职、地理和法律知识，可谓一部小百科全书。《三字经》短短一千多个字，就包含了教育的意义、礼仪、伦理道德、博物、经学诗赋、历史等多方面的知识。

2. 因材施教

蒙学教育初期以私学为主，大多数儿童进入私塾接受教育。私塾规模小，一般在十人以下，少则一二人，多则七八人。古代教育没有年级的概念，教师可以根据学生的学习能力和学习进度进行不同的教育；学生只要在规定的时间内完成学习内容，就可以进入新的学习阶段，学得不好的学生则继续学习。教师常常根据学生对生字和课文的熟记程度来判断学生的学习情况，如果学生已经能将所学的内容背诵得滚瓜烂熟，就可以学新的内容，如果不熟，则继续背。教师对学生的要求很严格，甚至会采用体罚手段。

3. 注重文道结合

我国古代启蒙教育除了对儿童进行以读书识字为主的启智教育之外，也十分注重伦理道德教育。特别是汉代实行“罢黜百家，独尊儒术”的政策后，儒家思想占据了社会统治地位，蒙学教育自然也就带有浓厚的儒家思想色彩。这些蒙学内容虽然有很多比较僵化腐朽的思想，但也在一定程度上体现了中华民族的传统美德和人类的共同人性。《三字经》就入选了联合国教科文组织“儿童道德丛书”。更值得注意的是，蒙学中的伦理道德教育并非不顾儿童年龄特征的纯粹道德灌输，而是融入识字、日常生活常识教学中。如《三字经》以识字为主要目标，融合社会伦理、自然知识等。这种既传授识字又注重道德教育的文道结合的教育理念，也符合如今我们所提倡的工具性与人文性的统一。

4. 循序渐进的养成教育

蒙学教育以识字为先，让儿童习字后背诵经典，为日后进一步学习打下坚实的基础。即使是涉及道德和自然常识的教育，也以儿童身边发生的事为例，在内容的安排上由浅入深、由近及远。教育方法则因人而异，因势利导，量力而行，留有余地。传统蒙学的道德教育重视读书习惯的培养。早在宋代，朱熹就在《童蒙须知》中指出：“凡读书，须整顿几案，令洁净端正。将书册齐整顿放，正身体，对书册，详缓看字，仔细分明读之。”从小培养儿童读书的正确姿势，使其养成保持案几整齐洁净和爱护书册的习惯，不仅有利于提高读书的效率，而且有利于儿童身体的发育和良好生活习惯的养成。

二、 我国近现代小学语文教育

我国现代意义上的小学语文教育始于20世纪初期，其标志是语文教育独立设科。参照历史年代划分和语文教育的学科演变，我们可以把独立设科至中华人民共和国成立前的小学语文教育分成两个时期：一是从语文独立设科到五四运动时期的近代小学语文教育，二是从五四运动时期到中华人民共和国成立前的现代小学语文教育。

（一） 近代小学语文教育

1. 后经文时期的近代小学语文教育

虽然20世纪初语文已经开始独立设科，教育体制与教育形式发生了本质的变化，但从教学内容来看，仍然以读经和古文教学为主，没有完全摆脱古代的经文教育，因此，20世纪初至五四运动时期的小学语文教育又被称为后经文时期的语文教育。

中国现代意义的教育起源于清末的新式学堂。随着清政府的同文馆、洋务学堂和一些私人学堂的创办，新式学堂开始兴起。新式学堂改变了传统学堂综合式的教学模式，进行分科教育。在这个时期语文教育与修身、算学、物理、化学、历史、地理等并列成为独立学科。

光绪二十九年（1903），清政府颁布了由张之洞、张百熙等合订的《奏定学堂章程》，即“癸卯学制”，并在全国推广施行。

《奏定学堂章程》规定，初等小学堂和高等小学堂除设“读经讲经”等科外，还设有“中国文字”科，其中高等小学堂设“中国文学”科。根据《奏定初等小学堂章程》的规定，“中国文字”一科，“其要义在使识日用常见之字，解日用浅近之文理，以为听讲能领悟、读书能自解之助，并当使之以俗语叙事，及日用简短书信，以开他日自己作文之先路，供谋生应世之要需”。根据《奏定高等小学堂章程》的规定，“中国文学”一科，“其要义在使通四民常用之文理，解四民常用之词句，以备应世达意之用”。

由此可见，新学堂设立的初等小学堂、高等小学堂相当于我们现在的小学教育学校，而新学制下的习字、作文、读经、读古诗文等分科教育接近我们现在小学语文教育中的识字与写字、表达与交流、阅读与鉴赏。虽然这个时期的语文教育仍然以读经和古文为主，但语文教育独立设科已不容置疑。

2. 国文时期的近代小学语文教育

“国文”这个学科名称始见于张焕纶1878年在上海梅溪弄创办的正蒙书院。蔡元培等人1902年创办的爱国学社，梁启超1906年前后创办的长沙女子学堂也设“国文”科。1912年1月，由蔡元培任部长的国民政府教育部进行了一系列教育改革，将“学堂”改为“学校”，规定初等小学可以男女同校，废除小学“读经”科等。后又颁布《普通教育暂行课程标准》，将各类学校的“中国文字”“中国文学”课程更名为“国文”。1912年11月，国民政府教育部公布的《小学校教则及课程表》规定：“国文要旨，在使儿童学习普通语言文字，养成发表思想之能力，兼以启发其智德。”1912年12月公布的《中学校令施行规则》规定：“国文要旨在通解普通语言文字，能自由发表思想，并使略解高深文字，涵养文学之兴趣，兼以启发智德。国文首宜授以近世文，渐及于近古文，并文字源流、文法要略，及文学史之大概，使作实用简及之文，兼课习字。”废除“读经”，改设“国文”科，明确语文教育的宗旨是学习语言文字、表达自由思想兼启发智德，这些举措表明语文教育从形式到内容都已经发生根本性的变化。国文时期的近代小学语文教育为现代语文教育的诞生打下了良好的基础。

（二）现代小学语文教育

1919年爆发的五四运动不仅是新民主主义革命的开端，也是中国语文教育的开始。

1. 五四运动时期的小学语文教育

五四运动极大地推动了中国语文教育的改革进程。陈独秀、李大钊、胡适、鲁迅等人在思想领域喊出了“拥护民主”“拥护科学”的口号，同时在文化、文学领域呼吁进行“文学革命”，倡导白话文，提出“国语的文学，文学的国语”的主张。1919年4月，“国语统一筹备会”正式成立，蔡元培提出“国语统一进行方法”[1]，并把改革小学语文教科书、编写国语读本作为一项重要措施。迫于舆论压力，北洋军阀政府教育部于1920年1月明令：“兹定自本年秋季起，凡国民学校一二年级先改国文为语体文。”至此，在小

① 周立群，王建峰，李尚生．小学语文课程与教学［M］．3版．北京：教育科学出版社，2024：7．

学教育中，原来的“国文”课改为“国语”课。随后，新学制小学语文课程标准——《小学国语课程纲要》于 1923 年由北洋政府教育部审定颁布。与此同时，以黎锦熙等人校订的《新体国语教科书》为代表的多种国语课教科书陆续出版。语文教育的变革推动了语文教育的研究，并取得了初步的成果，在此期间出版了不少语文教学法研究著作。

2. 国统区的小学语文教育

在国民党“党化教育”方针的主导下，国民党统治地区制定相应的教育宗旨并先后颁布《中小学课程暂行标准》（1929 年）、《小学课程标准国语》（1932 年）、《小学国语课程标准》（1936 年）。《小学国语课程标准》不仅要求指导儿童体会字句的用法、篇章的结构、实用文的格式，习作普通文和实用文，培养其发表情意的能力，还强调在阅读教学中激发其救国求生存的意识和情绪。这个阶段比较有代表性的教科书有商务印书馆出版的《复兴国语教科书》，中华书局出版的《新编初小国语读本》《新编高小国语读本》和开明书局出版的《开明国语课本》。

1934 年，陈望道、胡愈之、夏丏尊、叶圣陶、黎锦熙等人发动了一场大众语运动，反对文言复古，促进“大众语”和“大众文”的合一，普及大众语文教育，提高大众语文素养。

此后十几年的国统区语文教育虽又修订了课程标准，但并没有发生明显的变革，值得指出的是，以叶圣陶、朱自清为主的关于语文阅读教学新方法的探讨和以艾伟为代表开展的国语识字、阅读心理研究，均能在借鉴西方现代理念与科学方法的同时，继承传统语文教学的精华，给语文教学研究带来了新的气象。

3. 解放区的小学语文教育

由于政治理念和意识形态的差别，共产党领导下的苏区、民主根据地、解放区的教育观念和教育内容，强调与革命斗争实际相结合。土地革命时期的解放区国语课程以“社会化、政治化、劳动化和实际化”为原则，以拥护中国共产党、拥护红军、拥护苏维埃政府为内容，目的在于启发儿童的阶级意识，提高他们的阶级觉悟。抗日战争时期的国语课程突出了抗战教育和边区建设的内容，宣传抗日英雄事迹，揭露敌人的残暴行径，动员群众参加后方勤务。解放战争时期，为了贯彻教育与生产劳动相结合的方针，小学国语课教科书增加了生产劳动的内容。国语课还常增选报纸上有关解放战争的通讯报道或当地的斗争事例来进行教学。

三、当代我国小学语文教育

（一）中华人民共和国成立后至改革开放前的小学语文教育

1. 中华人民共和国成立初期的小学语文教育

1949年，由叶圣陶主持的教材编审委员会确定了根据华北解放区《国语》课本修订的国语教科书，并将科目改名为“语文”。语文学科的定名标志着我国语文教育进入一个新时期。中华人民共和国成立初期的语文教育吸取了民国时期语文教育的经验，同时也引进了苏联教育理论和教学模式，进行了一系列的改革。从思想教育以“五爱”为突出内容；到听、说、读、写并重，全面训练语文能力；再到引入苏联“五环节”教学法、“红领巾”教学法，小学语文教学改革迅速在全国展开。随后的几年间，中学语文教育改革中出现了汉语与文学分科的改革，也为小学语文教育改革积累了一定的经验。

2. 1958—1960年的小学语文教育

1958—1960年，根据“教育为无产阶级政治服务，教育与生产劳动相结合”的教育方针，我国语文教学改编了教科书，调整了教学计划。

3. 国民经济调整时期的小学语文教育

国民经济调整时期，开展了“语文教学目的任务”和“怎样教好语文课”的讨论，“加强双基”成为语文教学改革的新口号。1963年，张志公在《说工具》一文中阐述了对语文学科性质的认识，提出了著名的“工具说”。同年，教育部在新编订的《全日制小学语文教学大纲（草案）》中明确地提出了语文学科的工具性，强调加强语文基础知识教学和语文基本技能训练。

4. 1966—1976年的小学语文教育

1966—1976年，语文教科书内容除了鲁迅作品、“样板戏”外，没有其他语文知识和文学作品。

（二）改革开放时期的小学语文教育

1978年3月，《人民日报》刊登了吕叔湘撰写的《当前语文教学中两个迫切问题》一文。吕叔湘在此文中指出了语文教学费时多、效率低的不良现象，呼吁语文教育“应该研究如何提高语文教学的效率，用较少的时间取得较好的成绩”。同年，在北京召开的一场语言学科规划座谈会上，叶圣陶做了题为“大力研究语文教学，尽快改进语文教学”的重要讲话。这两位语文教育家的文章与讲话引起语文教育界的极大震动，促使广大语文教育工作者探讨语文教育改革的新思路。随后，语文教育在教学观念、教学模式和教学方法上都做了一些有益的探索。在小学语文教学改革中，比较有影响的改革有黑龙江省于1982年开始的名为“注音识字，提前读写”改革实验，还有浙江省杭州市饮马井巷小学于1985年进行的“分进合击”的实验等。这些改革给语文教育教学带来了很多有益的经验。

为了配合各阶段的教育形势和教育改革，在这个时期，国家先后颁布了几个教学大纲，1978年颁布了《全日制十年制中小学教学计划试行草案》，1981年教育部又对其中的小学部分进行了修改。该计划强调了语文的工具性，注重对能力的培养和智力的发展，对识字教学、阅读教学、作文教学和基础训练都做了明确规定。为了实施义务教育，国家开始进行九年义务教育课程改革。1986年12月，国家教育委员会颁布了《全日制小学语文教学大纲》；1992年，又根据九年义务教育精神，正式公布了《九年义务教育全日制小学语文教学大纲（试用）》。这一时期语文教育的一个重大改革是实行教科书编审分开、一纲多本的政策，出现了教科书多元化的格局。当时小学语文教科书主要有三种：第一种是人民教育出版社1978年秋季出版发行的全日制十年制学校小学语文课本试用本，1983年改为正式本，全套十册，供五年制小学使用；第二种是人民教育出版社出版的全国通用六年制小学语文课本，1984年开始出版一、二年级课本，1985年出齐全套；第三种是实施九年义务教育后，人民教育出版社编写的九年义务教育五年制和六年制小学语文课本，这套教科书于1993年秋季开始供全国实施义务教育的地方使用。与此同时，各个地方也根据实际编写了一些教科书，根据需要使用。

（三）新课改时期的小学语文教育

在世纪之交启动的我国第八轮基础教育课程改革，是新中国教育史上一次具有划时代意义的事件，小学语文教育也经历了一场深刻的变革。

1. 实验阶段的小学语文教育

2001年，教育部颁布了《基础教育课程改革纲要（试行）》，新一轮基础教育课程改革正式启动。本次课程改革分为三个阶段。

第一阶段（1999—2000年）主要是课程标准的研制阶段。1999年进行改革的总体规划及组织，制定改革指导纲要，研制义务教育阶段的语文、数学、外语课程标准。2000年完成义务教育阶段各门课程标准的征求意见稿，部分地区确定首批课程改革实验区，部分课程标准开始实验，并组织宣传与培训。

第二阶段（2000—2004 年）是实验阶段。2001 年主要组织义务教育阶段课程计划、课程标准及与评价有关的实验，组织新教科书的编写和实验。2002 年主要组织实验区实验工作，完成并颁布义务教育阶段部分主要科目课程标准的试用稿，组织新教科书的实验。2003 年根据实验情况，对课程计划、课程标准进行评估与修改，组织新教科书的审查，改进并完善新的课程评价体系、课程管理体系、课程改革支持体系，总结实验区经验。

第三阶段（2004—2005 年）是推广阶段。这一阶段对实验区教学的改革实验进行总结，经过一定的修改后在全国进行推广。

在本次语文课程改革期间，教育部组织专家编写了《全日制义务教育语文课程标准（实验稿）》［以下简称《语文课程标准（实验稿）》］，并于 2001 年正式颁布。《语文课程标准（实验稿）》改变了以往语文教学大纲过分强调教师“教”的局限，更多着眼于学生的“学”，着眼于学生语文素养的形成，为教科书编写、教师教学及学生评价提供了创造空间。课程改革正式展开后，语文教学观念发生了深刻的变化。全面提高学生的语文素养，强调语文课程工具性与人文性的统一，提倡对话式的教学等新的教学理念开始被广大语文教师接受并尝试贯彻到教学中。

根据“一纲多本”的原则，我国语文教科书的编写出版也呈现出百花齐放的景象。各个地区、各种机构以《语文课程标准（实验稿）》为依据，编写了丰富多彩的教科书和配套教材，其中获得全国中小学教材审定委员会审定通过的义务教育课程标准实验教科书一共有十二套。各地区根据本地实际，经过正式的听证和招标程序，选用不同的教材。教材的编写出版和选用更具规范性和灵活性。

2．反思阶段的小学语文教育

经过五年多的改革探索，新一轮课程改革取得明显成效，最大的变化是语文教学观念的变化，但是一些问题也开始出现：一是评价机制没有完全顺应教学观念和教学形式的变化；二是在追求生动活泼的课堂教学形式时出现了华而不实的形式主义；三是在关注学生发展时忽视了语言文字的基本训练。这些问题的出现导致某些地方不但没有提高语文教学的质量，反而使得学生的语文基本功有所下降，这引起了很多人的怀疑与担忧。在这种形势下，教育部相关部门在 2003 年和 2007 年先后组织对各省级教育行政部门和来自国家级实验区的校长、教师、学生和家长共约 11.7 万人的大规模调查，以便全面了解各学科课程标准的实验情况。根据调查结果，2007 年开始对各学科课程标准进行全面修订。《国家中长期教育改革和发展规划纲要（2010—2020 年）》颁布后，为贯彻落实有关任务要求，教育部再次组织专家对课程标准进行修订和完善。2011 年年底，《义务教育语文课程标准（2011 年版）》［以下简称《语文课程标准（2011 年版）》］正式颁布。

面对新的形势，《语文课程标准（2011 年版）》在进一步强调原有的语文课程理念的基础上，突出德育的时代特征和中华民族优秀文化传统教育，增加书法教育内容；进一步强调能力培养，更加明确“语文课程是一门学习语言文字运用的综合性、实践性课程”；在进一步减轻学生负担的情况下强调习惯养成，在识字与写字教学中，适当减少了低、中年级写字量，但反复强调正确的写字姿势，培养良好的书写习惯。

党的十九大召开以后，为了落实立德树人根本任务，发展素质教育，落实中央关于义务教育深化教育教学改革和“双减”工作决策部署，强化课堂及学校教育主阵地作用，教育部再次组织专家对课程进行了修改，并重新修订了语文课程标准。2022 年 4 月，《义务教育语文课程标准（2022 年版）》正式颁布。《义务教育语文课程标准（2022 年版）》在坚持原有的语文课程理念的基础上，突出了习近平新时代中国特色社会主义思想，落实培养时代新人的目标，强化思想性，强调核心素养导向，进一步优化课程内容，改革课程内容组织形式，使语文课程在新时代基础教育育人体系中发挥更大的作用。

第二节　语文课程的性质

语文课程的性质体现其整体价值导向，对语文课程标准的制定、语文教材的编写和语文教学的实施都起着决定性作用。

一、语文课程的工具性

（一）语文是彼此交际和交流思想的工具

列宁说：“语言是人类最重要的交际工具。”斯大林说：“语言是工具，武器，人们利用它来互相交际，交流思想，达到互相了解。”如前所述，语文学科是口头语言和书面语言统而言之的广义的语言学科。从这个意义上说，语文就是语言。学生学习语文的根本目的，就是为了熟练地掌握和运用语言。

（二）语文是进行思维和智力开发的工具

思维力是智力的核心，智力的高低在很大程度上取决于思维力的强弱，思维的发展势必会促进智力的开发。而思维的发展又必须借助语言的训练。

正如爱因斯坦所言："一个人的智力发展和他形成概念的方法，在很大程度上是取决于语言的。"在语文教育中，对学生进行有效的语言训练，也就是进行思维训练，其结果必然促进学生智力的开发。因此，语文教学，就是促使学生通过语言学习进行思维训练和智力提升。

（三）语文是学习知识和增长才干的工具

各门课程的学习都要以祖国的语言文字为媒介，通过听说读写开展教学活动。如果学生缺乏识字、释词、阅读和概括等能力，就不能很好地理解自然及其他课本中的知识（如对"增加了""增加到"的理解）。因此，语文是学习其他学科的基础和前提。

如果说中小学开设的各门课程都是基础课程的话，那么，语文课程便是基础的基础。学生学习语文，不仅可以增强听说读写能力，而且可以提高分析问题和解决问题的能力，增长才干。

语文课程的工具性表明，语文教师要指导与引领学生运用国家通用语言文字进行听说读写训练，帮助学生形成熟练运用祖国语言文字的能力。

二、语文课程的人文性

语文是工具，不过它和锄头、刨子等其他工具又有不同，它是人们表情达意的工具。既然是表情达意，那么，语文一经人们掌握和运用，也就很自然地产生思想和情感。

语文课程的人文性可以从以下两个方面来理解。①

一是语文教材中蕴含着丰富的人文精神。语文教材所选用的都是文质兼美的各类文章和文学作品，这些文章和作品不仅是语言文字方面的典范，还是古今中外人类思想及文化的精华，对学生形成正确的世界观、人生观和价值观起着潜移默化的作用。同时，这些文章和文学作品还是继承与弘扬中华优秀传统文化、革命文化、社会主义先进文化的载体，能增强学生对习近平新时代中国特色社会主义思想的理解和认识。

二是指在语文教学过程中充满着浓郁的人文情怀。语文课堂是师生心灵交流、充满人文关怀、充满生命活力、引导学生发展的课堂，是充满人文性和诗意的课堂。语文教学过程的各个环节都蕴含着丰富多彩的文化内涵，无

① 伍晓梅，李桃红．小学语文课程与教学［M］．南昌：江西高校出版社，2023：4.

不富有人文精神，包括人情的意蕴、人性的热情、人生的价值等。语文课堂上教师激情澎湃、神采飞扬，学生主动投入、情感充沛、精神饱满；教师努力引领学生进入美的、艺术的情境，激发学生的情感，使学生受到熏陶和感染，与教材形成共鸣，并获得真正的心灵体验。

语文课程的人文性要求教师在教学过程中始终做到“以人为本”，尊重、关心学生，引导他们热爱生活、关爱生命、健全人格。《义务教育语文课程标准（2022 年版）》的课程性质提到，语文课程“为学生形成正确的世界观、人生观、价值观，形成良好个性和健全人格打下基础”。

三、 工具性与人文性的统一

工具性是指为事物而用，使语文作为工具作用于人。而这是通过一篇篇文质兼美的文章实现的，所以我们必须关注语文课程的人文性。教师要尊重学生对文章个性化的理解；要体现语文课程的文学性特点；要明确语文课程所传递的不仅仅是工具性质的信息，更重要的是其思想和情感力量。语文课程最根本的学习目的是在加强语文积累的过程中塑造人的心灵，恰当地、准确地运用语言文字来表达自己的内心世界。

过去，由于受应试教育的影响，语文教学过于强调工具性，教学活动始终围绕工具性组织、展开，强调对字词、语法、修辞、阅读技巧和写作方法等的抽象分析，并靠“迁移”这块敲门砖完成实用主义（如应试）盲目、机械、单调的语言文字的训练，使本应鲜活的语文教学变得枯燥乏味，文质兼美的名篇被肢解得支离破碎，催人泪下的人物、震撼人心的场面、触发灵感的对话、引发异想的讨论、沟通现实的镜头、引人入胜的情景等被淡化、被埋没，导致学生获得的不是整体，而是一个个被割裂的零件。

事实上，语文课程的工具性和人文性是不可分割的，因为人文内涵是通过汉字、词语、句子、段落等语言单位体现的。所以作为语文教师，要在语文教学中很好地体现工具性和人文性的统一，必须学会通过语言文字本身去感受作家的思想、情感，如果只是揣摩孤立于文本的情感，这只能是空中楼阁，或者说，这样的情感获得方式不能体现语文课程自身的特点。

语文中人文性与工具性的统一，犹如硬币的两面，一面是人文性，另一面是工具性。工具性是人文性的基础，是人文性的载体；人文性是工具性“精气神”之所在。离开工具性来谈人文性，有舟无水，寸步难行；同样，只有工具性，没有人文性，则有水无舟，也欣赏不到“小小竹排江中游，悠悠（巍巍）青山两岸走”的绝妙景致。要在这两者之间建立支点、保持平衡，就要做到以下几点。

（一）诵读—陶冶

语文课程丰富的人文内涵对学生精神领域的影响是深远的，因此，要重视语文的熏陶、感染作用，在反复的诵读中陶冶情操，提升思想，使学生得到美的享受。

案例

《月光曲》（统编版六年级上册第七单元）教学片段①

师：一百多年前，德国有个伟大的音乐家叫贝多芬。他说过：“我的音乐只当为穷苦人造福。如果我做到了这一点，该是多么幸福。”他一生谱写了许多著名的曲子。我们现在听到的优美动听的曲子便是其中的一首——《月光曲》。这首《月光曲》是怎样谱成的呢？这里，还有个美丽动人的传说呢！

贝多芬为什么会为兄妹俩弹奏第一支曲子？请同学们快速默读二、三自然段课文。请大家划出文中兄妹俩的对话。

生：默读课文

师：哪段话所描绘的情景打动了贝多芬的心，谁来读一读？（学生朗读）

师：嗯。谁再来读一读，来打动贝多芬的心？

生1：朗读“贝多芬走进茅屋……那该有多好啊。”

师：好的，他强调了“那该多好啊”，读出了盲姑娘内心的向往，我相信贝多芬听了，心里会微微一动。谁再来读？

生2：（读）

师：同学们，他又强调了“贝多芬”，贝多芬从姑娘的口中听到了自己名字能不激动吗？我们要一字一句地读到贝多芬的心里。来，我们一起来读。一个姑娘说，读——（学生齐读）

师：同学们，贝多芬是一个音乐家，有一颗敏感的心，他往往能从别人的话里面听出言外之意，他从这句话里听出了什么？

生1：贝多芬从这句话中了解到这个盲姑娘很渴望听到他的曲子。

师：是，贝多芬听出了她内心的渴望。他还听出了小姑娘非常喜欢他的音乐。

---

① 本案例由作者与路明珠老师设计。

师：除此之外你还体会到了什么？

生：体会到小姑娘家境贫寒。一个男的说，“可是音乐会的入场券太贵了……”，两个“太”字让我感觉到他家境贫穷。

师：两个“太”字让你感受到他家境的贫寒，生活的艰辛。

师：是啊，可是音乐会的入场券太贵了，咱们又太穷了，继续读妹妹的话——（学生接着读妹妹的话：哥哥，你别难过……）

师：听到这里，贝多芬又听出了什么呢？

生1：我感觉贝多芬又听出了姑娘的善解人意，因为听贝多芬弹钢琴是她一直以来的愿望，但她后来又说随便说说，说明她想安慰哥哥，她不想让哥哥为她听不到贝多芬弹的钢琴而难过。

师：体会得真好。我们来读读这段话。我们来分角色读，体会一下他们的情感好不好？你们读妹妹的话，我读哥哥的话，不读提示语。（师生分角色读）

师：同学们，贝多芬就是从这里听出了，盲姑娘不仅热爱音乐，而且非常懂事，我相信他被感动了，所以他走进茅屋，为盲姑娘弹了一曲。

师：贝多芬弹完第一首曲后，姑娘有什么表现？请默读第六自然段。划出姑娘激动的语句。

在教学当中，老师充分地运用文本语文特色，用抑扬顿挫的声音朗读，让学生感受到文本的情感，并融入自己的激情，创设出良好的教学环境。而学生也能在教师的指引下，逐渐地理解是什么打动了贝多芬的心，有了自己的观点及感受，再利用朗读表达出来，让情感得以充分的发挥，以达到思想上的升华。这样，在反复的诵读中培养了语感，陶冶了情操，达到心灵与文本的对话。工具性与人文性真正地达到水乳交融，浑然天成。

（二）感悟—表达

进入新课改以来，在小学语文课堂上经常能听到这样的问话：“你感悟到了什么？给你的感受是什么？”似乎这样一问，文本蕴含的人文性就体现出来了。这样的问话几乎成了一句流行语。

其实不然，感悟是个体凭借语文及其语境的直感获得某种印象或感受的心理过程。既然是心理过程，那么它就是一个循序渐进的历程，只有在潜心读书，认真钻研，深入体会，反复品味中才能达到。有所感才能有所悟，酣畅淋漓的表达也才能自然而然，水到渠成。

在教学《狐假虎威》（统编版二年级上册第八单元）时，教师可以这样引导学生。

案例

《狐假虎威》（统编版二年级上册第八单元）教学片段[①]

师：请小朋友自己读一读三至六小节，看谁读懂了，思考应该怎样读狐狸和老虎的对话。（学生读的时候，师板书：骨碌　扯　蒙）

师："骨碌"是什么意思，谁懂了？能做个动作给老师看吗？

师：自己做动作。（请其中一个做得有趣的学生上台给大家表演一下，教师在一旁读"狡猾的狐狸眼睛骨碌一转"）这就是"骨碌"的意思，从这句话中，你看出了什么？

生：狐狸在想主意，在想点子。

师：是的。"扯着嗓子"的"扯"，你懂吗？（教师边说边用手做出"拉"的动作）学生可能会通过老师的动作理解"扯"是"拉"的意思。

师：不错，那"扯着嗓子"中的"扯"是拉什么呢？

生：拉嗓子。

师：把嗓子拉长？（边做把喉咙拉长的动作）这受得了吗？想想是把什么拉长？读一读就知道了。（学生读句子）读懂了吗？是把什么拉长了？

生：把声音拉长。

师：对，就是把声音拉长。狐狸告诉老虎，我不怕你，最后一个"我"字要拉得长一点，而且要读出问的语气。注意"我"后面是一个问号。（学生再读，教师范读，齐读）

师：第四节狐狸说的一段话很难读，大家看看，怎样读，用什么样的语气读，才能把老虎蒙住。

生：老天爷派我来管理你们百兽，你吃了我，就是违抗了老天的命令，我看你多大胆子。

（注意在学生朗读后进行适当的评价，在扩大声音的基础上，鼓励孩子将自己的表情放进去；教师范读，学生练读）

生：（上台读……）

师：你想，老虎把你逮住了，（做抓住学生肩膀的动作）你不能把老虎蒙住的话，你就没命了。（如果该生朗读不佳的话，可以再请一位同学读一读）

以上案例看似在教师问、学生答这种很简单的形式中进行教学，可教师的发问都是有目的的。这里没有深奥的提问，没有牵强附会，有的只是自然的流露、真诚的赞赏和表达的欲望。

---

① 本案例由特级教师于永正设计。

（三）体验—练笔

语文课程人文精神的构建应重视提高学生的品德修养和审美情趣，使他们逐步形成良好的个性和健全的人格，促进德、智、体、美、劳的融合发展。作者亲历就是强调学习者本人在学习过程中独特的感受和体会，这是他人无法替代的。在体验感受的同时，教师引导学生把这种独特感受写出来，在原有的基础上升华，使人文性与工具性相辅相成、互为依托。

案例

《荷花》（统编版三年级下册第一单元）教学片段①

师：你从这个“冒”字看出了什么？

生：白荷花“突然”从荷叶中长出来。

师：是有“突然”的意思。还有别的看法吗？

生：它具有顽强的生命力。

生：“冒”说明花长出来不容易，因为荷叶太多了，挨挨挤挤的。

师：是的，体会得多好啊！因为叶子“挨挨挤挤”，很密，才会冒出来。它长出来不容易，是钻出来的，所以你说它顽强也很对。你能把这个词的意思读出来吗？（指着读：冒。读得很有力量）

师：读得真好，多有精神啊，说明很有生命力。有生命力，但读时不需要太用力。不用大力气，也能读出它的精神来。一起读读这句话。

从这个教学片段中，我们可以看出于老师抓住了文章中的关键词“冒”，对同学们进行引导性的学习，让学生感受到了白荷花长出来时的生命力，体会到白荷花从挨挨挤挤的荷叶中“冒”出来的不容易，深刻地理解了“冒”字的意思，有助于学生对整篇课文的学习。

“教学有法，但无定法，贵在得法。”《义务教育语文课程标准（2022年版）》中语文课程的人文性，首先体现在价值观上，其次体现在文化观上，最后体现在生命意识上。人文性的基石是人性，它关注人的自然发展、生命的健康成长和个性的自由发展。教师劳动有着明显的个性化再创造的特点，教师的思想、动机、情感、信念、价值判断、个人风格等对学生的影响特别明显。教师循循善诱，能激发心灵的碰撞，因此优秀教师往往具有自身独特

① 本案例由特级教师于永正设计。

的人格魅力，这恰恰是教师生命最闪光之处。学生的人格培养及全方位发展是教师工作成果的直接反映。

人文内涵对学生精神领域的影响是深远的，其培养是潜移默化地学习语言的过程，也是人的生命、心灵、精神律动的过程，是人实现自我成长的过程，也是激发人创造力与生命力的过程。语文教育绝不仅是概念的分析、概括，也不仅是工具的掌握，更重要的是一种精神的熏陶和人格的养成，所以说其人文价值是不言而喻的。

《义务教育语文课程标准（2022 年版）》明确提出："工具性和人文性的统一，是语文课程的基本特点。"语文课程的工具性和人文性不是相互对立的，也不是"工具"和"人文"的简单相加，而是相互渗透、融为一体的。工具是就其形式而言，人文是就其内容而言；工具性是躯壳，人文性是灵魂。没有语言这个工具，人文内涵无以依托；舍弃人文，语言也失去了存在的价值。语文应是这样一门课程：发展语言，发展思维，传承文化，培养人格，促进人的社会化，提高人的审美能力和文化品位。

第三节　教学设计及案例分析

案例

《只有一个地球》（统编版六年级上册第六单元）教学设计[①]

（1）教师课前根据有关视频资料制作了一个多媒体课件，展示了地球在茫茫宇宙中的美丽、可爱和异常渺小，以及人类破坏地球所造成的一系列灾难、危害，配以声情并茂的解说和抒情感人的背景音乐。

（2）导语：同学们，我们都知道地球是生命的摇篮，是人类共同的母亲。然而今天的地球却是满目疮痍，地球的出路何在？人类的出路又何在呢？

（3）默读课文，想想课文围绕地球写了哪些内容，然后小组讨论，看看能不能用简练的语言写在卡片上，并谈谈你的体会。

（4）再次看视频：此时此刻你们想到了什么？你想说些什么吗？

（5）师生齐唱歌曲《热爱地球妈妈》。

（6）小组探究，精心设计一条保护地球的宣传标语。

---

① 王梅，岳强，张宝利. 小学语文课程与教学［M］. 北京：中国言实出版社，2023：223.

综合点评

《只有一个地球》是一篇说明文，内容比较枯燥。但这位教师把“如何激发学生的情感，丰富文章的趣味性”作为教学的突破点，以画面再现情境、以音乐渲染情境、以语言描述情境，为学生的学习提供必要的感性认识，激励学生仔细读书、深刻感悟。

拓展阅读

李浩燃. 心有大我 至诚报国：大力弘扬教育家精神［N］. 人民日报，2023－09－18（4）.

第二章　语文课程标准

语文课程标准是教材编写与解读、教学设计与实施、教学评价与反思、课程开发与利用的基本依据。本章通过对课程标准具体内容的解读，结合案例进行分析，了解语文课程的基本理念，把握现阶段小学语文课程的总体目标与阶段要求，从而帮助读者充分把握语文课程丰富的人文内容及育人功能，掌握语文课程育人的基本特点。

第一节　语文课程基本理念

一、课程基本理念的含义与特点

（一）课程基本理念的含义

2001 年，我国开始实施第八轮基础教育课程改革，其最明显的变化是以“课程标准”代替了“教学大纲”，并把“课程基本理念”作为重要的内容在课程标准中独立成章。课程基本理念的重要性不言而喻。课程基本理念是指人们对课程的理性认识及在此基础上所形成的对课程的认同和追求。

（二）课程基本理念的特点

1. 先进性

（1）课程基本理念的先进性是其本质特点。理念是行动的先导，发展实践都是由一定的发展理念指导的。指导行动的理念必须是先进的。教育本来就是为未来培养人才，因此，无论是课程目标还是课程内容，乃至课程实施方式等，都必须着眼于未来。

（2）课程基本理念的先进性还体现在课程理念凝聚了课程专家的集体智慧上。《义务教育语文课程标准（2022 年版）》的制定凝聚了教育理论专家、教学一线专家以及各行业的专家代表的集体力量，他们历时多年才完成了课程标准的制定。因此，该课程标准中的课程理念既吸收了最新的教育教学研究成果，反映了国家最新的教育教学政策和社会需求，也充分关照了各科教育教学实践的最新成果。

2. 导向性

（1）课程基本理念不仅包含人们对知识性质、价值的理解，还包含人们对自身的发展的追求，以及对教育所达到目标的预期。“价值优先，一般被认为是课程的基本参照因素之一”①，所以课程理念包含课程主体关于“课程应然”的价值取向或倾向，也必然包含“好教育”“好课程”“好教学”的观念；同时，课程基本理念不是课程现实，但源于对课程现实的思考，是课程主体对课程现实的自觉反映。因此，理论上课程现实是课程基本理念的载体，即课程基本理念持有者对教育的清醒认识是他们关于教育的真知灼见。

（2）课程基本理念是课程标准的理念。教育部颁发的《基础教育课程改革纲要（试行）》明确指出：“国家课程标准是教材编写、教学、评估和考试命题的依据，是国家管理和评价课程的基础。应体现国家对不同阶段的学生在知识与技能、过程与方法、情感态度与价值观等方面的基本要求，规定各门课程的性质目标、内容框架，提出教学和评价建议。”可见，课程基本理念对整个课程教学具有重要的指导意义和明确的导向性。

（3）课程基本理念具有抽象性。课程基本理念是课程主体对课程（教学）及其现象进行思维的概念或观念的形成物，是理性认识的成果；课程基本理念是个外延比较宽泛并能反映教育思维活动诸概念共性的上位概念，课程思想、课程观念、课程主张、教育理性、教育信念、教育信条等都在课程基本理念之中，而课程基本理念本身也包含了上述诸概念的共性。

二、 语文课程基本理念的内容

《义务教育语文课程标准（2022 年版）》的课程基本理念由五个部分构成，每个部分集中一个重点，分别阐述课程标准的课程目标、课程结构、课程内容、课程实施、课程评价五个方面的整体设想，这五个方面既各有侧重，又互相联系。因此，理解课程理念时，既要注意这五个方面的独特之处，又要注意它们之间的联系。

---

① 麦克唐纳．课程论［M］//瞿葆奎．教育学文集　第 9 卷：课程与教材　上册．北京：人民教育出版社，1988：189.

（一）立足学生核心素养发展，充分发挥语文课程育人功能

党的二十大报告指出："全面贯彻党的教育方针，落实立德树人根本任务，培养德智体美劳全面发展的社会主义建设者和接班人。"义务教育语文课程围绕立德树人这一根本任务，充分发挥其独特的育人功能和奠基作用，以促进学生核心素养发展为目的，以识字与写字、阅读与鉴赏、表达与交流、梳理与探究等语文实践活动为主线，构建综合素养型课程目标体系：面向全体学生、突出基础性，使学生初步学会运用国家通用语言文字进行交流沟通，吸收古今中外优秀文化成果，提高思想文化修养，建立文化自信，使德、智、体、美、劳得到全面发展。

（二）构建语文学习任务群，注重课程的阶段性与发展性

义务教育语文课程结构遵循学生身心发展规律和核心素养形成的内在逻辑，以生活为基础，以语文实践活动为主线，以学习主题为引领，以学习任务为载体，整合学习内容、情境、方法和资源等要素，设计语文学习任务群。学习任务群的安排注重整体规划，根据学段特征，突出不同学段学生核心素养发展的需求，体现连贯性和适应性。

（三）突出课程内容的时代性和典范性，加强课程内容整合

义务教育语文课程突出内容的时代性，充分吸收语言、文学研究新成果，关注数字时代语言生活的新发展，体现学习资源的新变化；强调内容的典范性，精选文质兼美的作品，重视对学生思想感情的熏陶感染作用，重视价值取向，突出社会主义先进文化、革命文化、中华优秀传统文化；注重课程内容与生活、其他语文课程基本理念及其他学科的联系，注重听说读写的整合，促进知识与能力、过程与方法、情感态度与价值观的整体发展。

（四）增强课程实施的情境性和实践性，促进学习方式变革

义务教育语文课程实施从学生语文生活实际出发，创设丰富多样的学习情境，设计富有挑战性的学习任务，激发学生的好奇心、想象力、求知欲，促进学生自主、合作、探究学习；引导学生注重积累，勤于思考，乐于实践，勇于探索，养成良好的学习习惯；关注个体差异和不同的学习需求，鼓励自主阅读、自由表达；倡导少做题、多读书、好读书、读好书、读整本书，注重阅读引导，培养读书兴趣，提高读书品位；充分发挥现代信息技术的支持作用，拓展语文学习空间，提高语文学习能力。

（五）倡导课程评价的过程性和整体性，重视课程评价的导向作用

义务教育语文课程评价要有利于促进学生学习，改进教师教学，全面落实语文课程目标。课程评价应准确反映学生的语文学习水平和学习状况，注重考查学生的语言文字运用能力、思维过程、审美情趣和价值立场，关注学生学习过程和学习进步。根据不同年龄学生的学习特点和不同学段的学习目标，选用恰当的评价方式，抓住关键，突出重点，加强语文课程评价的整体性和综合性。注重评价主体的多元性与互动性，以及多种评价方式的综合运用，充分利用现代信息技术，促进评价方式的变革。

第二节　语文课程目标

一、课程目标的含义

课程目标作为现代课程理论的一个重要概念，出现在新一轮基础教育改革的课程标准中，并成为课程改革中的一个关注点。华东师范大学钟启泉教授认为，课程目标是在课程设计与开发过程中，课程本身要实现的具体要求，它期望一定阶段的学生在发展品德、智力、体质、素养等方面所达到的程度。教育部基础教育司编写的《语文课程标准（实验稿）解读》对此所下的定义是："课程目标是按照国家的教育方针，根据学生身心发展规律，通过完成规定的教育任务和学科内容，使学生达到的培养目标。"

二、课程目标的作用

课程目标是课程与教学的核心，决定了课程与教学的实施策略与基本方向，具有不可忽视的作用。

（一）是教育目的与教学目标的桥梁

教育目的是国家、社会对所需要人才的总体培养要求，但教育目的比较笼统，在教学中也许不具有可操作性。教学目标是教师在课堂教学中进行教学的具体要求。但受教学环境与学生的约束，教学目标缺乏稳定性与标准化。在学校教育中，教育目的要通过具体的课程和教学来实现，课程目标既处于教育目的的下位，又处于教学目标的上位，是教育目的与教学目标之间

的桥梁。当前我国的教育方针是坚持教育为社会主义现代化建设服务，为人民服务，把立德树人作为教育的根本任务，培养德、智、体、美、劳全面发展的社会主义建设者和接班人。这里的“德、智、体、美、劳全面发展”可以理解为教育对人才的总体要求。这些总体要求在学校教育教学中必须通过具体的课程来实现。《义务教育语文课程标准（2022年版）》就把“核心素养”作为课程实施的总方向，明确“语文课程围绕核心素养，体现课程性质，反映课程理念，确立课程目标”，并将其细化为九大总目标，分四个学段对目标提出具体要求，并使之通过教师的课堂教学得以实现。

（二）指引课程与教学实施的方向

课程目标是课程实施与教学活动的主要依据，在一定程度上决定了课程与教学的走向。新一轮基础教育课程改革的一个最大的变化就是把以往的教学大纲改为课程标准。其中，课程目标作为课程标准框架的核心内容，按照国家教育方针以及素质教育的要求，围绕核心素养规定了各门课程的总目标与学段目标，成为教师在教学中制定教学目标、选择教学内容与教学方法的主要依据，确保教师的教与学生的学有正确且明确的方向。

（三）为课程与教学评价提供依据

《义务教育语文课程标准（2022年版）》在课程目标中，既有总的目标，即对课程教学的整体要求，又有具体操作性指标。这些宏观要求和具体指标是评价课程实施与教学的主要依据，可以让教师客观地评价学生的学习状况，并根据评价的结果及时调整教学。

三、现阶段语文课程目标内容

语文课程目标是语文课程标准中重要的组成部分，在课程标准中占有很大的篇幅。《义务教育语文课程标准（2022年版）》在目标设置上围绕核心素养，体现课程性质，反映课程理念，确立课程目标。所谓“核心素养”是指学生通过课程学习逐步形成的正确价值观、必备品格和关键能力，是课程育人价值的集中体现。义务教育语文课程培养的“语文核心素养”，是学生在积极的语文实践活动中积累、建构，并在真实的语言运用情境中表现出来的能力，是文化自信、语言运用、思维能力和审美创造的综合体现。

（一）语文课程总目标

《义务教育语文课程标准（2022 年版）》明确指出："语文课程应引导学生热爱国家通用语言文字，在真实的语言运用情境中，通过积极的语言实践，积累语言经验，体会语言文字的特点和运用规律，培养语言文字运用能力；同时，发展思维能力，提升思维品质，形成自觉的审美意识，培养高雅的审美情趣，积淀丰厚的文化底蕴，继承和弘扬中华优秀传统文化、革命文化、社会主义先进文化，增强对习近平新时代中国特色社会主义思想的理解和认识，全面提升核心素养。"

《义务教育语文课程标准（2022 年版）》关于语文课程总体目标的表述为以下九点①：

1. 在语文学习过程中，培养爱国主义、集体主义、社会主义思想道德，逐步形成正确的世界观、人生观、价值观。

2. 热爱国家通用语言文字，感受语言文字及作品的独特价值，认识中华文化的丰厚博大，汲取智慧，弘扬社会主义先进文化、革命文化、中华优秀传统文化，建立文化自信。

3. 关心社会文化生活，积极参与和组织校园、社区等文化活动，发展交流、合作、探究等实践能力，增强社会责任意识。感受多样文化，吸收人类优秀文化的精华。

4. 认识和书写常用汉字，学会汉语拼音，能说普通话。主动积累、梳理基本的语言材料和语言经验，逐步形成良好的语感，初步领悟语言文字运用规律。学会使用常用的语文工具书，运用多种媒介学习语文，初步掌握基本的语文学习方法，养成良好的学习习惯。

5. 学会运用多种阅读方法，具有独立阅读能力。能阅读日常的书报杂志，初步鉴赏文学作品，能借助工具书阅读浅易的文言文。学会倾听与表达，初步学会用口头语言文明地进行人际沟通和社会交往。能根据需要，用书面语言具体明确、文从字顺地表达自己的见闻、体验和想法。

6. 积极观察、感知生活，发展联想和想象，激发创造潜能，丰富语言经验，培养语言直觉，提高语言表现力和创造力，提高形象思维能力。

7. 乐于探索，勤于思考，初步掌握比较、分析、概括、推理等思维方法，辩证地思考问题，有理有据、负责任地表达自己的观点，养成实事求

---

① 中华人民共和国教育部. 义务教育语文课程标准（2022 年版）［S］. 北京：北京师范大学出版社，2022：6.

是、崇尚真知的态度。

8. 感受语言文字的美，感悟作品的思想内涵和艺术价值，能结合自己的经验，理解、欣赏和初步评价语言文字作品，丰富自己的情感体验和精神世界。

9. 能借助不同媒介表达自己的见闻和感受，学习发现美、表现美和创造美，形成健康的审美情趣。

（二）语文课程的学段要求①

义务教育语文课程的学段目标依据“六三”学制设定学段要求。学习目标从“识字与写字”“阅读与鉴赏”“表达与交流”和“梳理与探究”四个方面提出具体学习要求。课程标准还提出了“学科德育”的要求，以加强语文课程与中华传统文化、民族精神和个人人格发展的联系，促进学生语文核心素养全面、协调地发展。

1. 识字与写字

（1）第一学段（一～二年级）。

①喜欢学习汉字，有主动识字、写字的愿望。认识常用汉字 1 600 个左右，其中 800 个左右会写。

②学会汉语拼音。能读准声母、韵母、声调和整体认读音节。能准确地拼读音节，正确书写声母、韵母和音节。认识大写字母，熟记《汉语拼音字母表》。

③掌握汉字的基本笔画和常用的偏旁部首，能按基本的笔顺规则用硬笔写字，注意间架结构，初步感受汉字的形体美。努力养成良好的写字习惯，确保写字姿势正确，书写规范、端正、整洁。

④学习独立识字。能借助汉语拼音认读汉字，学会用音序检字法和部首检字法查字典。

（2）第二学段（三～四年级）。

①对学习汉字有浓厚的兴趣，养成主动识字的习惯。累计认识常用汉字 2 500 个左右，其中 1 600 个左右会写。有初步的独立识字能力。能用音序检字法和部首检字法查字典、词典。

②写字姿势正确，养成良好的书写习惯。能用硬笔熟练地书写正楷字，做到规范、端正、整洁。用毛笔临摹正楷字帖，感受汉字的书写特点和形体美。

① 中华人民共和国教育部．义务教育语文课程标准（2022 年版）［S］．北京：北京师范大学出版社，2022：7－13．

③能感知常用汉字形、音、义之间的联系，初步建立汉字与生活中事物、行为的联系，初步感受汉字的文化内涵。

（3）第三学段（五～六年级）。

①有较强的独立识字能力。累计认识常用汉字3 000个左右，其中2 500个左右会写。感受汉字的构字组词特点，体会汉字蕴含的智慧。

②写字姿势正确，有良好的书写习惯。硬笔书写楷书，行款整齐，力求美观，有一定的速度。能用毛笔书写楷书，在书写中体会汉字的优美。

2. 阅读与鉴赏

（1）第一学段（一～二年级）。

①喜欢阅读，感受阅读的乐趣。学习用普通话正确、流利、有感情地朗读课文。学习默读。

②结合上下文和生活实际了解课文中词句的意思，在阅读中积累词语。认识课文中出现的常用标点符号，在阅读中体会句号、问号、感叹号所表达的不同语气。借助读物中的图画阅读。

③阅读浅近的童话、寓言、故事，向往美好的情境，关心自然和生命，对感兴趣的人物和事件有自己的感受和想法，并乐于与他人交流。诵读儿歌、儿童诗和浅近的古诗，展开想象获得初步的情感体验，感受语言的优美。

④尝试阅读整本书，用自己喜欢的方式向他人介绍读过的书。养成爱护图书的习惯。

⑤积累自己喜欢的成语和格言警句。背诵优秀诗文50篇（段）。课外阅读总量不少于5万字。

（2）第二学段（三～四年级）。

①用普通话正确、流利、有感情地朗读课文。初步学会默读，做到不出声，不指读。学习略读，粗知文章大意。

②能联系上下文，理解词句的意思，体会课文中关键词句表达情意的作用。能借助字典、词典和生活积累，理解生词的意义。在理解语句的过程中，体会句号与逗号的不同用法，了解冒号、引号的一般用法。

③能初步把握文章的主要内容，体会文章表达的思想感情。学习圈点、批注等阅读方法。能对课文中不理解的地方提出疑问，乐于与他人讨论交流。

④能复述叙事性作品的大意，初步感受作品中生动的形象和优美的语言，关心作品中人物的命运和喜怒哀乐，与他人交流自己的阅读感受。诵读优秀诗文，注意在诵读过程中体验情感，展开想象，领悟诗文大意。

⑤阅读整本书，初步理解主要内容，主动和同学分享自己的阅读感受。

⑥积累课文中的优美词语、精彩句段，以及在课外阅读和生活中获得的语言材料。背诵优秀诗文50篇（段）。养成读书看报的习惯，收藏图书资料，乐于与同学交流。课外阅读总量不少于40万字。

（3）第三学段（五～六年级）。

①熟练地用普通话正确、流利、有感情地朗读课文。默读有一定的速度，默读一般读物每分钟不少于300字。学习浏览，扩大知识面，根据需要搜集信息。

②能联系上下文和自己的积累，推想课文中有关词句的意思，辨别词语的感情色彩，体会其表达效果。在理解课文的过程中，体会顿号与逗号、分号与句号的不同用法。

③在阅读中了解文章的表达顺序，体会作者的思想感情，初步领悟文章的基本表达方法。在交流和讨论中，敢于提出看法，作出自己的判断。

④阅读叙事性作品，了解事件梗概，能简单描述印象最深的场景、人物、细节，说出自己的喜爱、憎恶、崇敬、向往、同情等感受；阅读诗歌，大体把握诗意，想象诗歌描述的情境，体会作品的情感。受到优秀作品的感染和激励，向往和追求美好的理想。

⑤阅读说明性文章，能抓住要点，了解文章的基本说明方法。阅读简单的非连续性文本，能从图文等组合材料中找出有价值的信息。尝试使用多种媒介阅读。

⑥阅读整本书，把握文本的主要内容，积极向同学推荐并说明理由。

⑦背诵优秀诗文60篇（段），注意通过语调、韵律、节奏等体味作品的内容和情感。扩展阅读面，课外阅读总量不少于100万字。

3．表达与交流

（1）第一学段（一～二年级）。

①学说普通话，逐步养成说普通话的习惯，有表达交流的自信心。

②能认真听他人讲话，努力了解讲话的主要内容。听故事、看影视作品，能复述大意和自己感兴趣的情节。能较完整地讲述小故事，能简要讲述自己感兴趣的见闻。与他人交谈，态度自然大方，有礼貌。积极参加讨论，敢于发表自己的意见。

③对写话有兴趣，留心周围事物，写自己想说的话，写想象中的事物。在写作中乐于运用阅读和生活中学到的词语。

④根据表达的需要，学习使用逗号、句号、问号、感叹号等。

（2）第二学段（三～四年级）。

①乐于用口头、书面的方式与人交流沟通，愿意与他人分享，增强表达的自信心。

②能用普通话交谈，学会认真倾听，听人说话时能把握主要内容，并能简要转述。能就不理解的地方向人请教，就不同的意见与人商讨。

③能清楚明白地讲述见闻，说出自己的感受和想法。讲述故事力求具体生动。能主动参与日常生活中的文化活动，根据不同的场合，尝试运用合适的音量和语气与他人交流，有礼貌地请教、回应。

④观察周围世界，能不拘形式地写下自己的见闻、感受和想象，注意把自己觉得新奇有趣或印象最深、最受感动的内容写清楚。能用便条、简短的书信等进行交流。尝试在习作中运用自己平时积累的语言材料，特别是有新鲜感的词句。

⑤学习修改习作中有明显错误的词句。根据表达的需要，正确使用冒号、引号等标点符号。课内习作每学年 16 次左右。

（3）第三学段（五～六年级）。

①听人说话认真、耐心，能抓住要点，并能简要转述。乐于表达，与人交流时能尊重和理解对方。注意语言美，抵制不文明的语言。

②表达有条理，语气、语调适当。参与讨论，敢于发表自己的意见，说清自己的观点。能根据对象和场合，稍作准备，作简单的发言。

③懂得写作是为了自我表达和与人交流。养成留心观察周围事物的习惯，有意识地丰富自己的见闻，珍视个人的独特感受，积累习作素材。

④能写简单的记实作文和想象作文，内容具体，感情真实。能根据内容表达的需要，分段表述。学写读书笔记，学写常见应用文。

⑤修改自己的习作，并主动与他人交换修改，做到语句通顺，行款正确，书写规范、整洁。根据表达需要，正确使用常用的标点符号。习作要有一定速度。课内习作每学年 16 次左右。

4．梳理与探究

（1）第一学段（一～二年级）。

①观察字形，体会汉字部件之间的关系。梳理学过的字，感知汉字与生活的联系。

②观察大自然，热心参加校园、社区活动，积累活动体验。结合语文学习，用口头或图文等方式整理、表达自己在活动中的见闻和想法。

③对周围事物有好奇心，能就感兴趣的内容提出问题，结合其他学科的学习和生活经验交流讨论，尝试提出自己的看法。

（2）第二学段（三～四年级）。

①尝试分类整理学过的字词。尝试发现所学汉字形、音、义和书写的特点，帮助自己识字、写字。

②学习组织有趣味的语文实践活动，在活动中学习语文，学会合作。结合语文学习，观察大自然，观察社会，积极思考，运用书面或口头方式，并可尝试用表格、图像、音频等多种媒介，展现自己的观察与探究所得。

③能提出学习和生活中的问题，有目的地搜集资料，共同讨论，尝试运用语文并结合其他学科知识解决问题。

（3）第三学段（五～六年级）。

①分类整理学过的字词，发现所学汉字形、音、义和书写的特点，发展独立识字能力和写字能力。

②感受不同媒介的表达效果，学习跨媒介阅读与运用，初步运用多种方法整理和呈现信息。

③初步了解查找资料、运用资料的基本方法。利用图书馆、网络等渠道获取资料，解决与学习和生活相关的问题。尝试写简单的研究报告。

④策划简单的校园活动和社会活动，对所策划的主题进行讨论和分析，学写活动计划和活动总结。对自己身边的、大家共同关注的问题，或影视作品中的故事和形象，通过调查访问、讨论演讲等方式，开展专题探究活动，学习辨别是非、善恶、美丑。

5．其他要求

（1）第一学段（一～二年级）。

在落实以上要求过程中，注重引导学生关注中华优秀传统文化在日常生活中的表现，初步感受中华优秀传统文化的重要价值；初步懂得幸福生活是革命前辈浴血奋战、艰苦奋斗换来的，激发对革命领袖、革命家、英雄人物的崇敬之情。

（2）第二学段（三～四年级）。

在落实以上要求过程中，注重感悟国家通用语言文字的文化内涵，初步认识中华优秀传统文化蕴含的思想和智慧；感悟革命英雄、模范人物的爱国主义情怀和高尚品质，激发向英雄模范学习的意愿和行动，培养对中国共产党和中华人民共和国的朴素情感，增强民族自豪感。

（3）第三学段（五～六年级）。

在落实以上要求过程中，注重了解中华优秀传统文化的源远流长、丰富多彩，提升自身中华优秀传统文化修养；感受先贤志士的人格魅力，感悟老一辈无产阶级革命家的英雄气概、优良作风和高尚品质，体会捍卫民族尊严、维护国家利益和世界和平的伟大精神。

第三节　教学设计及案例分析

案例

《宇宙生命之谜》（统编版六年级上册第三单元）教学片段①

师：了解了宇宙，我们再来了解“宇宙生命之谜”（师板书）。连科学家也不知道的称“谜”，这个问题科学家也没解开，我们来学学，有兴趣吗？

生：有——

师：接下来我们进行“挑战答辩会”，挑战什么内容呢？我们分工一下。（小组分工，选组长）好，组长选好了，我们分配一下任务。

（1）各组组长先选四名同学，找到文章中最重要的一个段落，读给另一个小组听，并陈述你认为重要的原因。

（2）再找四名同学，找一段你们喜欢的段落，说说为什么喜欢。

（3）再找四名同学，准备一篇学术报告（就是选择文中的一个内容，加上有关的课外知识，编成一篇发言稿，做学术报告）。

（4）其余的同学，每三个人一组，每一组至少提两个问题，要有研究价值。

（学生开始组合研究学习：略）

（学生汇报：学生代表第一组，学生代表第二组）

生：（读第三自然段）因为这一段主要说明生命在天体中生存的条件。

师：我问一个问题，如果把这段话放在《小马过河》中，是否重要？应该怎么说？还要说是什么理由。

生：在天体上生存要有四个条件：一是……二是……三是……四是……

师：你说的内容很对，但应该联系全文内容来说理由。

生：有这样的条件，科学家才能展开研究。

生：因为本课主要是研究宇宙生命之谜，只有知道宇宙生命存在的条件，才能研究生命是不是存在。

师：大家不仅要知其然，还要知其所以然，要联系全文来说。下面由哥白尼小组来读重要段落。

---

① 王梅，岳强，张宝利．小学语文课程与教学［M］．北京：中国言实出版社，2023：12－13.

生：（读第七自然段）因为这段写火星上生命难以存在，否定了生命存在的理由。

师：把这段放到课文整体中评议。

生：（略）

师：下面进行第二项。

生：我读的是第九自然段。（学生读得不通顺）理由是它让我们知道，虽然陨石上存在有机分子，但是没有找到能适应人类生命存在的星球，所以要保护环境。

师：同学们有意见吗？是啊，文章第六、七、八自然段告诉我们，火星上不存在生命。当人们失望时，第九自然段又告诉我们有机分子的存在，给我们一个谜。

（学生齐读）

师：下面进行第三项。

（学术报告略）

综合点评

上述案例是我国特级教师支玉恒老师的执教片段。从案例中我们不难看出，学生通过在问题情境中自主、独立地发现问题，通过课内和课外信息的搜集和处理，通过相互交流等探索性的活动，获取了新知识，增强了技能，培养了探索精神和创新能力。

在课堂教学的探究学习过程中，教师的作用重在组织、指导、适时参与。教师要千方百计地、最大限度地调动学生参与探究的积极性、主动性，使其参与的面更宽；教师要把学生的思维恰当地向广度、深度引导，使学生参与的程度更高；教师要引导学生自主地、科学地获得知识与技能，从而学会学习，增强学习能力。

拓展阅读

彭飞．言为士则 行为世范：大力弘扬教育家精神［N］．人民日报，2023－09－20（4）．

第三章　小学语文的教学设计

小学语文教师要高效开展教学，语文教学设计是关键性的因素。通过理论分析与实践案例，本章介绍了备课的意义、备课的要求和程序；说课的含义、说课的基本内容和方法；上课、提问、作业等一系列基本环节的设计与实施策略，在结构设计上体现了鲜明的创新与实践导向。

第一节　备课和说课

一、备课

（一）备课的意义

1. 备课是教学本身的要求
2. 备课是自我教育和提高的过程
3. 备课是应对教材及学生变动的需要

（二）备课的一般步骤

1. 学习课标，领会纲领

课程标准是根据党的教育方针和教育计划，由国家教育行政部门制定和颁布的教学工作指导性文件。课程标准中明确地规定了语文学科的教学目的、要求和任务，提出了各年龄段的教学要求。教科书就是根据课程标准的要求编写的。作为一名教师，必须深入学习和领会课程标准，树立课标观念，以课标为准绳。这样，教师才能在备课时正确把握尺度，突出重点训练内容。如写字教学的要求是要逐步提高，循序渐进。

2. 熟悉教材，综观全局

在全面学习课标的基础上，还须认真通读教材，最好是全套教材，至少是全册教材。掌握教材的内容、体裁和各单元之间的联系，体会编辑的意图，明确全册的教学要求，以及各组课文或每篇课文在全册中的地位与作用。因为教材的编写有它的系统性和科学性，不通读全册教材，教学就会产生盲目性；通读后，才能做到心中有数，有的放矢。

3. 了解学生，掌握学生情况

备课，不仅要“备教材”，也要“备学生”，这就是我们说的了解学生，即了解自己的教学对象。

从总的方面来说，应当了解掌握学生这些情况：

第一，学生的思想、生活和学习情况；学生语文学习的态度和方法；学生语文基础知识、基本技能掌握的情况；学生课外阅读和其他语文活动的情况；学生智力发展情况。

第二，就一篇课文来说，需要了解掌握的学生情况有以下这些：课文的思想内容有哪些是学生已经掌握的，哪些和学生学过的课文有联系，如《少年闰土》《我的伯父鲁迅先生》；哪些和他们的生活实践、情感体验有联系；哪些是距离学生生活实际较远，学生难以理解的，如《黄继光》。课文中的哪些表达形式是学生熟悉的，哪些是他们生疏的，哪些语言文字是学生容易读懂的，哪些比较艰深，是他们难以理解的。

4. 解读文本，编写教案

第一，解读文本。

《义务教育语文课程标准（2022 年版）》中多处提到文本，它被认为是与学生、教师相并列的不可或缺的教育要素之一。具体到教学中，文本是指包含丰富教育资源的，可供学生、教师与之对话的阅读材料的总和。其呈现形式，可以是语言文字，如一篇课文、一部名著，甚至是一段文字或一句话；也可以是语言文字塑造的形象以及有关图像等，如课文中的有关插图也是文本。

文本是知识的载体，是教学的依据，是教师上课的凭据。因此，备课必须在钻研教材上下功夫，教师要把大量的时间和主要的精力放在阅读文本、研究文本、分析文本和确定文本的重点和难点上，把文本“嚼烂”，“吃”到肚子里，做到“腹中有本”。

具体说来，主要有以下工作：从语言文字入手，弄清字、词、句的意思，了解主要内容；了解作者的写作背景，作者的思想和创作意图；弄清文章中写到的有关知识；理清文章结构，把握作者思路；领会文章的思想感情和教育意义；归纳遣词造句的特点、布局谋篇的方法；分析课后作业，确定训练重点和方式。

解读文本，不光要逐字、逐句、逐段把课文读懂，还要处处考虑学生能不能懂，怎样才能使学生学懂学会；不仅要把课文读好、读熟，最好还能全文背诵，达到不看课文就了然于胸的程度，这样课堂教学就会得心应手，游刃有余了。

第二，确定教学目标。

（1）明确陈述主体，让目标设计更科学。

教学目标陈述的主体是学生。因此，在制定教学目标时，不可用“指导”“培养”“教育”等词来陈述，也不能用“使学生了解……”“使学生掌握……”“让学生知道……”“使学生认识……”等句式来表述，因为这些表述方法都直接指向教师“教”的行为，而不是学生“学”的行为。教师行为和学生行为是不同的，前者指向的是教师主体做和没做的问题，后者指向的是学生主体会不会、能不能的问题。

众所周知，在新课程理念下，一堂课的教学目标是否达成，最终要看学生“学会了什么”“掌握了什么”“得到了什么”，而不是教师“做”了什么。教学目标强调的主体是学生，只有学生行为发生了与教学目标的预设相应的变化，才算真正完成了教学任务。在认识了解学生的基础上，教学者还必须分析教材的重点、难点。此外，在课堂教学目标的制定过程中，还要考虑课程标准的目标要求，课堂教学目标实际上是课程标准的具体体现。

（2）规范行为动词，让目标设计更恰当。

教学目标的制定，必须能让教育者准确把握“教什么”和“怎样教”，让学生明确“学什么”和“如何学”。要做到这一点，就应该在行为动词的使用上做文章。特别是在“知识与能力过程与方法”这一核心素养目标的表述上，行为动词应该具体、可操作、可检测，避免笼统、模糊和含混不清。

如“理解”“领会”“了解”“认识”“掌握”“体会”“感知”等这一类行为动词就显得含混不清，无法具体落实和监测。而“说出，读出，背诵，找出，写出”以及“说一说，画一画，写一写，读一读”等词就很具体明确。例如，将“整体感知课文内容”作为目标，既没有意义，又无法操作，学生会感到摸不着头脑。这种教学目标的设计与陈述，不但不利于调动学生的积极性，还会泯灭学生学习的兴趣，不如改成“能用几句话概括课文的主要内容”。

（3）整体走向局部，让目标设计更恰当。

小学语文教学目标分为“总体目标”“单元目标”“课时目标”，这是一个局部细化和具体化的过程。教师在制定教学目标时，只有从“总体目标”入手，逐步聚焦“单元目标”和“课时目标”，并在目标制定时充分关注学生的学情，才能使目标设计更有效。

①研读新课标，架构整体目标。

《义务教育语文课程标准（2022 年版）》根据不同年龄学生身心发展特点，将小学部分分为三个学段：一、二年级为第一学段；三、四年级为第二学段；五、六年级为第三学段。各阶段目标间相互联系，呈螺旋上升趋势，最终达成总目标的要求。各阶段目标都是由“识字与写字”“阅读与鉴赏”“表达与交流”“梳理与探究”等四个板块组成。语文教师应首先通过研读新课标，构建小学语文知识目标的整体框架。

案例

《西门豹治邺》（统编版四年级上册第八单元）教学目标①

教学目标：

1. 正确认读本课 12 个生字，正确书写 15 个常用字。

2. 朗读课文，抓住重点段落中描写西门豹言行的句子，体会西门豹惩治巫婆和官绅、帮助老百姓破除迷信方法的巧妙。

3. 了解故事的起因、经过和结果，厘清故事的线索，简要复述课文。

教学重点：简要复述课文。

这位教师设计的教学目标既突出重点，也比较全面，符合教材编写意图。针对教学目标中提出的“学会本课生字新词”，这位老师设计的“正确认读本课 12 个生字”和“正确书写 15 个常用字”教学目标，有利于检测出学生的目标达成度。突出了本单元“简要复述课文”这一语文要素，并且明确将其作为教学重点。目标中“了解故事的起因、经过和结果，厘清故事的线索”，作为简要复述的前提和方法，其实也暗合了本单元“写一件事”这一习作要素，将课文故事复述与后面“写一件事”的习作练习有机地结合在一起，可见目标设计者的匠心。通过朗读，感受西门豹的精神品质，较好地处理了语文课程“情感态度价值观教育”和“学习语言文字运用”之间的关系，正确把握了语文课程的性质和任务。

②研读主题文本，架构单元目标。

统编版语文教材是以“主题单元”编写的，把听说读写等语文实践活动有机地整合在一起，较好地体现了知识、能力、方法、情感之间的联系。如

① 吴忠豪，丁炜. 小学语文课程与教学［M］. 4 版. 北京：中国人民大学出版社，2023：12.

四年级上册第三单元，围绕“观察”这一核心，设计听说读写各项活动。本单元所选的《爬山虎的脚》《蟋蟀的住宅》等文章，通过文本引导学生从不同角度，调动不同感官来进行连续观察，记录变化。习作是写观察日记，写一写自己在认真观察后发现的事物的特点及变化。叙述时要做到语言精练。“语文园地”通过交流，培养学生细致观察的习惯。只有通过研读主题文本，了解主题单元的教学目标，把握主题单元中课文、口语交际、综合训练、习作等板块间的联系，制定语文课堂教学的目标才会更有效。

③细读教学例子，架构课时目标。

“教材是听说读写的范例。”在课程改革的背景下，这“例子”又有新的内涵：一是传授语文基础知识、基本技能、训练听说读写能力的例子；二是向学生进行思想道德教育，引领学生认知发展，人格建构的例子。所以必须细读“例子”，“细读例子”就是通过对文本仔细地品味来走进文本，重在“品味”。

因此，细读文本一要静下心来读；二要潜心吟咏，达到“一字未宜忽，语语悟其神”的境地；三要有自己的独到见解。教师一定要通过潜心吟咏，获取对本文的独到见解，并在此基础上初定课时目标。

④深入分析学情，调整完善目标体系。

教学设计仅仅是教学实施的蓝本，要使教学设计获得理想的效果，还需要教师针对教学实施对象的具体情况，做出富有针对性和个性的调整，教学目标设计也是如此。教师在制定学期教学目标时，都会首先了解将要实施教学服务的对象的基本情况，也就是分析学情。然后，在实际教学过程中，通过观察、谈话、家访等方式进行深入了解，从而进一步调整、修正和完善教学目标，促进每一个学生的发展。

第三，确定教学重难点。

教学重点是为了达到教学目的而应着重指导的内容，以及对学习和理解课文内容有重要作用的部分。

教学难点是指学生不理解或掌握有困难的部分，主要应根据学生的实际情况而定。

一般来说，教学重点应是教学要求之一，而教学难点则不一定。

教学重点和难点有时是一致的，如《小白兔和小灰兔》：“只有自己种，才有吃不完的菜。”该课的重难点是使学生懂得劳动的意义。但有时二者是不一致的，如《蜜蜂引路》，重点是列宁是怎样找到养蜂人的。难点是花丛、园子的位置（可用画图法）。

第四，编写教案。

教案是备课活动的收尾和总结，也是对以上几个环节的进一步深化，是课堂教学的实施方案。写教案，就是将备课过程中所研究的全部问题加以整理，用文字表达出来。所以说，教案是教师备课劳动的心血结晶。

通常说来，教案应包括以下内容：课题、教材分析、教学目标、教学重难点、教学用具（教具准备）、教学时间（课时数）、教学过程、板书设计，有的还会加上学情分析和教学方法。教案有详案和简案两种。

二、说课

（一）说课的定义

说课是教师在备课的基础上，面对同行教师或评委，系统地述说自己的教学设计及其理论依据的一种教学研究活动。说课是述说者和听者双向互动活动。述说者把备课中平面静态的隐性思维进行显现，听者对其进行评议，共同优化课堂教学设计。

（二）说课的作用

说课是一种重要的教学研究活动，在教学活动中具有重要的作用。

1. 说课是提高教师教学水平和提升教学艺术修养的有效途径

说课提供了学习、交流和共同研究的场所，它能把教师个体的教学思维置于集体的评议之中，说课者和评议者能面对面地学习和交流。说课者从中吸收评议的意见，评议者也可从说课中受到启发。不难看出，这对于提高教师教学水平和提升教学艺术修养具有重要作用。

2. 说课是提高教学质量的可靠保证

在说课活动中，说课者既要述说“教什么”的具体内容、“怎么教”的具体策略，同时还要述说“为什么这样教”的理论依据。有些备课和教学设计可能做得不那么完美，通过说课活动，就可以在共同的探讨研究中修正不合理的教学内容和教学环节，充实教学理论，使教学设计更合理，更具有实效性。

3. 说课有利于发挥优秀教师的传帮带作用

优秀教师具有辐射效应，他们对教学理论的运用、教材的理解、教法的选择、学法的设计、教学结构和教学时间的安排有独到之处，其教学设计具有示范性，说课可以充分地展示他们的教学理念和教学风格。对于教学经验缺乏的教师，尤其是正在培训的未来教师有潜移默化的熏陶，能使他们“知其然，也知其所以然”。

（三）说课的内容

说课主要包括以下五个方面的内容：说教材、说学生、说教学方法、说教学过程、说板书设计。

1. 说教材

主要说明“教什么”的问题。首先要述说自己对教材的分析，指出教学内容的特点及其在单元中的地位和作用，以及知识前后的逻辑关系。同时，述说自己如何根据教学大纲的要求和教学内容，结合学生实际，确定教学目标，重点和难点。首先是教材分析，然后是教学目标分析。后者通常分为两个部分：一是说明制定教学目标的依据；二是具体描述教学目标。

2. 说学生

分析教学对象的现状，包括学习基础、学习习惯、学习能力、学习方法等，为选择教法和设计学法提供依据。

3. 说教学方法

主要说明“怎样教”和“为什么这样教”。要解释教者用什么样的方法去落实教学目标，怎样处理教与学、讲与练的关系，如何在重难点上点拨、在能力特点上强化训练等。

4. 说教学过程

这是说课的重点，主要说明教学结构的总体设计、结构安排、环节转换等，同时还要说明每一步教学环节设计的目的。

5. 说板书设计

靳家彦说：“板书是教师精心构思的艺术结晶，是浓缩的教学思路，板书设计在于精而准。”根据这个理念，某位教师设计了这个板书①：

《葡萄沟》
- 果——多、美、甜、五光十色
- 人——热情好客
- 干——色鲜、味甜

→ 好地方

图 3－1　《葡萄沟》（统编版二年级上册第四单元）板书

特别要强调的是，说课时，要将理论依据与说课的步骤相机提出，使教例和教理紧密结合，要避免穿鞋戴帽式的集中说理，或毫无理论依据的平铺直叙，造成理例脱节。说课后，要认真组织好评议工作。

---

① 王梅，岳强，张宝利．小学语文课程与教学［M］．北京：中国言实出版社，2023：106．

第二节 课堂的教学设计

一、课堂导入的艺术

李森教授认为导入的功能为："导入可以让学生在心理方面和认知方面都做好充分的学习准备，明确接下来主要学习的内容和学习方式。"① 著名特级教师于漪曾说过："课的第一锤要敲在学生的心灵上，激发起他们思维的火花，或像磁石一样把学生牢牢地吸引住。"由此可见，要想达到"课伊始，趣即生"的效果，引起学生注意，使其较快进入学习状态，激发他们的学习兴趣，就必须讲究课堂导入的艺术，把学生的注意力牢牢地吸引住。

（一）开门见山，揭示课题

即针对教材特点，直接揭示学习目标。就是在上课开始后，老师开门见山地介绍本课的教学目标和要求，各个部分的教学内容，教学进程等，让学生了解本节课的学习内容或要解决的问题，以此引起学生的注意。

（二）巧设悬念，引人入胜

悬念式导入是指老师上课伊始，有意设置一些带有启发性的疑问，摆在学生面前，又不直接说出答案，使学生感到"山重水复疑无路"，迫使其去寻求"柳暗花明又一村"，从而开始学习新知识、解决新问题的一种导课方式。这种导入方式利用上课头几分钟的最佳时机，通过设疑，制造悬念，创设问题，使学生的大脑产生兴奋感，吸引学生的注意力，把案例导入新课之中。

采用这种方式导课，所设悬念应是发生在学生周围的，是学生特别感兴趣和非常敏感的，又是同教学内容直接相关的热门话题。犹如章回小说中的"欲知后事如何，且听下回分解"一样，这会使学生产生一种非得到解答不可的感觉，很快进入角色。但设疑布阵要从教材特点和学生实际出发，做到有疑可设，自然合理，切不可为疑而设，故弄玄虚。教师及时抓住这一契机，引出新课。

利用悬念激人好奇，催人思索，往往能收到事半功倍的效果。制造悬念

① 李森. 现代教学论［M］. 北京：人民教育出版社，2011：431.

的目的有两点：一是激发兴趣，二是启动思维。悬念一般出乎人们预料，或展示矛盾，或让人迷惑不解，常能造成学生心理上的好奇、渴望和兴奋，只想打破砂锅问到底，尽快知道究竟，而这种心态正是教学所需要的“愤”和“悱”的状态。但须注意，悬念的设置要从学生的“最近发展区”出发，恰当适度。不悬，难以引发学生的兴趣，太悬，学生百思不得其解，都会降低学习的积极性。只有不思不解，思而可解，才能自始至终扣人心弦，使学生兴趣高涨。

（三）游戏导入

游戏导入是通过组织一个与教学内容密切相关的游戏活动，让学生在生动有趣、无拘无束的游戏中不知不觉进入学习情境的一种导入方法。游戏活动的形式可以多种多样，如猜谜、词语接龙、组词竞赛、活动体验等。这既能激发学生的学习兴趣、启发思维、丰富语言，又能顺势揭题，快速把学生的注意力吸引到课文内容上来，一举多得。

课堂导入的方法有很多，如名言导入法、故事吸引法、直观演示法等，要想导入成功地激发学生的学习兴趣，就要根据课文内容选择合适的导入方法。

教师在课堂导入的设计过程中，要注意针对不同的课型、不同的学习目标去设计，使之建立在与所授内容有内在联系的基础上，并要注意契合学生的年龄特点、心理状态、知识能力基础、兴趣爱好，要善于创造一种令学生提出问题、产生矛盾的情境，有效地引起学生对新知识、新内容的强烈探求，提升师生双边活动的熟练配合程度，为课堂教学做好彼此情愿的愉悦的心理准备。

二、课堂提问的艺术

提问即一方向另一方提出问题，寻求解答。教学提问是教师基于教学目标，在课堂教学活动中有意识地设置一些问题，通过问题引领的方式促进学生思考，以期深入把握教学内容的一种教学行为。

小学语文课堂教学提问就是基于语文学科教学的提问，它是为了更好地引领学生把握教学文本，围绕文本所体现的工具性和人文性而设置相应的问题，在师生的问答教学互动中研读文本，达成教学目标的一种教学方法。

美国教学法专家斯特林·G. 卡尔汉认为：“提问是教师促进学生思维，评价教学效果以及推动学生实现预期目标的基本控制手段。”好的课堂提问不仅可以启发学生领会教学内容，检查学生掌握知识的情况，还能培养学生的创造性思维，调动学生的积极性。

首先，需要具有问题意识。提问就是提出问题，因此必须具有问题意识，要形成问题意识，应当从以下两个方面着手。一是把握文本教学目标，依据目标才能提出有针对性的问题，通过问题的解决达成目标。二是切实找准文本的教学重难点，通过问题的方式分解重难点，使之变成一个个小问题，变成一级级小台阶，引领学生一步步地解决问题，最终突破重难点。

其次，必须具有学法意识。问题的设置应该能够引领学生自主学习，通过自主探究，逐渐解决问题，从而达到不教而学的目的。

最后，需要具有技巧能力，问题的设置要在“巧”字下功夫，既要有一定的深度和难度，又要有路径的引领，因为问题不是目的，学习才是宗旨。

总之，一样的教学内容，不一样的提问方法，会产生不一样的教学效果，教学不在于“多问”，而在于“善问”“巧问”，循循善诱。在语文教学过程中把握学生心理，设疑、巧问，必定能使语文教学奏出最美妙的乐章。

三、 课堂总结的艺术

一堂语文课，若有个好的开头，往往能够使学生产生渴求新知识的愿望，因此有些老师在备课时，总是精心地准备导入语，而往往忽略了结尾。殊不知一堂课成功与否，不仅取决于导入语的巧妙设计，也取决于结尾的巧妙设计。俗话说：“编筐织篓全在收口。”恰到好处的结尾会起到画龙点睛的作用，让学生体验到“课虽已尽而意趣未了”，为下一课的学习做好心理铺垫。

案例

《圆明园的毁灭》（统编版五年级上册第四单元）教学片段①

师：现在，让我们假设一下历史，回到 145 年前，做一次小小的体验。如果你是决定国家前途命运的一国之君——皇帝，如果你是辅佐皇帝、参与国家管理的大臣，如果你是保卫国家领土的士兵，如果你是普普通通的、生活在北京的老百姓……面对英法联军火烧圆明园的行径，你会怎么做？请选择一个角色静静想一想，一会儿请你实话实说。

---

① 本案例由特级教师窦桂梅设计。

（学生思考，准备）

生 1：我是当时的皇帝，但我没有兵权，兵权掌握在老佛爷慈禧的手中，我会号召所有的百姓团结起来，即使用长矛、弓箭，也能对付洋枪洋炮。只要团结，就有希望。

师：虽然兵权掌握在慈禧手中，但你善于发动群众，是了不起的皇帝。

生 2：如果我是朝中大臣，我会给皇帝建议，派人去留洋，学成归来后制造自己的枪炮。

生 3：我是北京的一位老百姓，我会号召百姓团结起来，与洋人展开战斗。

生 4：假如我是士兵，我会和他们血战到底。即使我牺牲了，我的身体也要倒在圆明园里，成为敌人的绊脚石！

师：给自己掌声，为自己喝彩。（学生鼓掌）但遗憾的是，历史不能假设。请阅读下面资料（出示课件）：

圆明园是皇帝亲用的。当圆明园被烧时，咸丰皇帝无奈，只好仓皇逃跑了。

焚毁圆明园的前几天，英法联军列队入城，清军士兵夹道跪迎。英法联军两次洗劫圆明园。军阀混战时期，一些军阀又入侵洗劫，圆明园最后只剩下几块残垣断壁。

师：读了上面的资料，现在，再读"圆明园"这三个字的时候，难道你心中仅仅是仇恨和愤怒吗?

生 4：说不出来的滋味。

生 5：我悲愤！我的心好像被插了几刀，很难过。

师：现在，你的心中，圆明园仅仅是废墟，是火焰吗?圆明园在你心中是什么形象?

生 6：被火烧圆明园是我们的耻辱。

生 7：我认为它是中国人民的警示牌。

师：圆明园的大火早已熄灭，可是我们思考的脚步不能停止。有着五千年文明的中国为什么会被几千个强盗杀到京城?圆明园烧掉的究竟是什么?毁灭的究竟是什么?永远也毁灭不了的是什么?也许，今天的学习只是给同学们打开了一扇小小的门，希望大家从这扇门出发，怀着更多的思考走向未来的人生。

这是特级教师窦桂梅讲《圆明园的毁灭》时的结课环节实录。教师引导学生进行角色互换，将自己假想成皇帝、大臣、士兵、百姓，引导学生在深入人物内心的体验中，进一步领会课文要传达的对侵略者的仇恨和愤怒。然而，就在学生群情激昂时，视频呈现的文字资料让学生的激情一下子消失了，他们从资料中看到的是皇帝仓皇出逃，士兵夹道跪迎，军阀趁火打劫……这时，学生们的心中不仅仅有着“仇恨”和“愤怒”，更在进行着反思，在他们的心中，“圆明园”是“耻辱”，是“警示牌”，学生进入了“自省”的状态。这里，“假设历史”以及资料性课程资源的拓展运用，既加深了学生对文本的领悟，又引发了学生对历史的深层思考，这样的结课能给人以情感上的激发、认知上的升华、艺术上的享受。

因此，语文教师必须“创设余音缭绕的气氛，让学生带着美感下课堂，带着继续探索的心理下课堂”。为了达到这一效果，语文教师不仅要在课堂上传授知识，而且要重视语文课结束艺术形式的探索。

结课的作用不仅仅在于对已学知识进行归纳总结，更在于承前启后，扩展知识，开拓创新。案例中的结课，既加深了学生对课文的理解，培养了学生的想象力，又能将学生引到课外阅读领域，扩大学生的知识面，激发学生热爱科学、探索科学的兴趣，使学生感到“言已尽而意无穷”，令人深思，回味无穷。

语文学习得法于课内，得益于课外。教师除了在课堂上向学生传授知识，还应把学生的视野由课内引向课外，使学生自觉地去课外寻求知识，以弥补课堂教学之不足。所以，小学语文教学结课常常在总结归纳、比较分析的基础上，或者水到渠成地指导学生课外阅读原著或相关文章，或者引导学生主动地去获取相关知识，拓宽知识面，或者指导学生用所学知识来分析现实生活中的现象，引起学生更浓厚的探求兴趣，或者要求学生运用所学知识进行实践，将课内知识进行延伸，真正提高分析和解决实际问题的能力。

总之，课程安排没有固定不变的格式，教学艺术的探索是永无止境的，无非是因文而异罢了。在语文课堂教学中，一节课的结尾搭桥铺路做得好，处理灵活，课内外联系紧密，就能使语文教学低耗高效。

四、 板书设计的艺术

板书即指在教学活动中，教师利用黑板，运用各种表达符号，简明扼要地呈现教学内容，从而达到辅助教学的一种教学行为。小学语文课堂板书是小学语文教师在研读教学文本之后，对整个教学内容进行高度凝练概括，运用言简意赅的表达符号（诸如文字、图形、表格、符号等），展示核心教学内容的一种教学行为。

首先要有明确的板书设计思想，包括准确地反映文本内涵，体现教学目标，突破教学重难点，以及利用独特的表达形式。这是板书的必要准备。

其次能够依据设计思想，提炼关键词。主体板书不能复杂冗长，要精练独到，具有很强的提示性。

最后，灵活选用适宜的板书形式。板书形式丰富多彩，有文字、图形、表格、符号等，教师应当选择适宜的板书形态，力求最佳地传达教学内容。

（一）从课文题目入手，抓关键字眼

题目是文章的眼睛，有些课文的标题概括了课文内容或点明了主旨。在构思板书时，教师要先分析标题的深刻内涵及其与课文内容、主题的内在联系，然后抓住标题作为连接课文内容及主题的结合点这一特性来设计板书。

将		相
百战百胜	完璧归赵	完璧归赵
勇于改正	渑池会上	顾全大局

⇩

不和

⇩

负荆请罪

⇩

和

图 3－2　《将相和》（统编版五年级上册第二单元）板书

例如《将相和》这一标题概括了文章的主要人物和主题，文章歌颂的是“和”，“和”是题眼，文章通过完璧归赵、渑池相会两个小故事揭示了将相“不和”的原因，“负荆请罪”则是将相握手言和的关键，随着故事情节的发展，蔺相如的勇敢机智、顾全大局，廉颇的百战百胜、勇于改正的特点跃然纸上。因此，抓住题目与课文内容及主旨的内在联系，以“和”为切入点，就可以设计出图 3－2 所示的言简意赅、内容完整、条理清晰、教学重点突出的板书。

（二）从主要内容入手，抓文章梗概

有些课文内容丰富，看似复杂，其实材料与材料之间的内在联系是紧密的。教师要善于利用板书，把丰富的内容提纲挈领地显示出来，揭示其内在联系，帮助学生更好地理解和记忆课文。

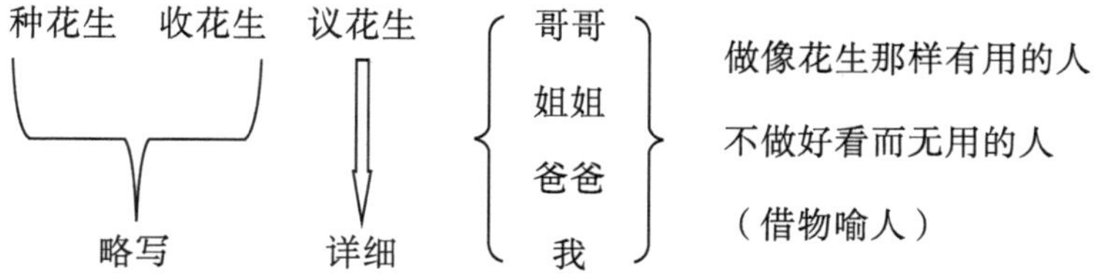

图3－3　《落花生》（统编版五年级上册第一单元）板书

这则板书简明扼要地展现了课文的主要内容，揭示了主旨和文章的思路及详略分明、借物喻人的表达方法。学生一看这则板书，就能掌握文章的大体思路，同时还理解了课文内容的主次关系和中心思想。这种板书既有利于学生理解课文，领悟表达方法，又易于记忆。

（三）从结构层次入手，抓文章思路

文章是作者按一定思路组织起来的，思路是文章的纲，结构是文章的组织构造，布局安排是作者思路的外化体现。文章的思路与结构紧密相关，思路决定结构，结构体现思路；思路是文章的内在脉络，结构是思路的外在呈现。所以，分析文章层次、结构，是帮助学生理清文章思路的重要步骤。板书设计可以从课文结构、思路入手，抓情节发展的线索，包括时间线索和空间线索等，或者抓能体现篇章结构的关键词语。这是小学语文板书设计最常用的方法。

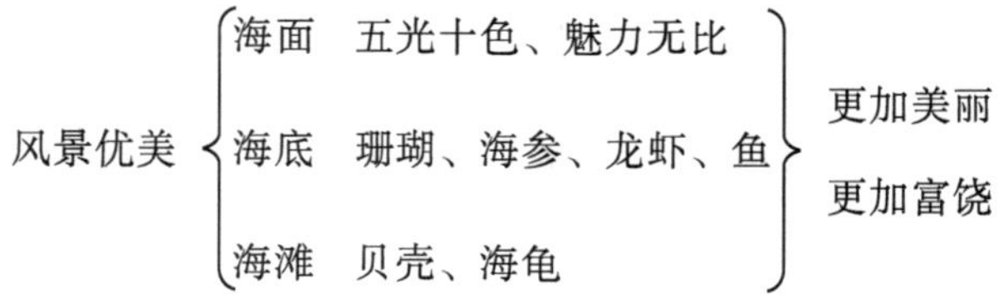

图3－4　《富饶的西沙群岛》（统编版三年级上册第六单元）

该案例的板书抓住课文的关键词句，既体现了课文的主要内容，又揭示了课文总分总的结构特点，还按空间顺序介绍了西沙群岛美丽、富饶的特点，有助于学生理解、记忆课文内容和写作特点。

五、作业设计的艺术

作业评价是过程性评价的重要组成部分，作业设计是作业评价的关键。教师要以促进学生核心素养发展为出发点和落脚点，精心设计作业，做到用词准确、表述规范、要求明确、难度适宜。

（一）作业的种类①

从发生的场所看，作业可以分为课堂作业和课下作业；从完成方式看，作业可以分为书面作业、口头作业和实践作业；从所需的时间看，作业可以分为短期作业和长期作业；从承担者角度看，作业可以分为个人作业、小组作业和全班作业；从选择性看，作业可以分为必做作业和选做作业等。

（二）作业设计的原则

1. 针对性原则

教师在设计作业时，应从学生实际和认知需要两方面出发，根据教材内容的要求及学生的需求，使作业具有针对性。要提升作业的针对性，一要紧扣教学目标；二要充分考虑学生的个性差异，进行分层设计，使每个学生都能在完成作业的过程中有所收获。

一位教师在讲授某首古诗后，就设计了两组难度不同的作业，供学生自主选择完成。

（1）朗读并背诵古诗，说一说各诗句的意思。

（2）朗读并背诵古诗，结合自己对古诗内容的理解，体会古诗的意境（主题）。

这样的设计，可以使不同学习水平的学生根据自己的能力完成不同难度的作业，从而体会到学习的乐趣和成功的喜悦。作业内容设计、作业难度设计、作业题型设计、作业完成方式设计，这四个要素构成了作业设计的整个系统。在作业设计的过程中，诸要素应紧密配合、相互协调、互相补充，这样才能避免作业设计的随意性和盲目性。

2. 系统性原则

作业设计的系统性还体现在作业内容的连贯性上。教师要将知识梳理、归纳，然后有计划、有条理、成体系地进行作业设计，确保知识体系的完整性、序列化，让学生把知识理解得更透彻、能力形成得更全面。

3. 层次性原则

（1）作业设计的层次性原则首先体现在作业的难易度上。教师在设计作业时，应按照“感知认识→了解掌握→理解运用”的顺序，在难易程度上循序渐进，逐步加大作业的难度。

---

① 王梅，岳强，张宝利．小学语文课程与教学［M］．北京：中国言实出版社，2023：76.

第一层次——基础。这类作业多为基本的、单项的、带有模仿性的习题，目的是达到语文基础知识的内化。

第二层次——发展。这类作业是应用基础知识解决一些阅读、交流等方面的问题，如仿写句子、模拟情景对话等。

第三层次——创新。这类作业略有难度，需要学生综合运用所学知识，解决一些比较复杂的问题，如阅读练习中的概括性简答题、习作题等。

（2）作业设计的层次性原则还体现在针对学生的差异性分层布置作业上。

4. 多样性原则

所谓多样性，是指在数量适度的前提下，作业内容要丰富、形式要灵活，同时还要兼顾学生完成方式的多样性，具体体现在以下三个方面。

（1）呈现方式多样。教师要根据学生的实际情况，充分考虑作业呈现方式的多样性，以更好地发挥作业的作用。在设计低年级学生的作业时，教师应充分考虑低年级学生识字量少、对形象的画面感知能力强等学情、共性。除常见的作业形式外，可多采用以图画代替文字的方式呈现作业，以更好地激发学生完成作业的兴趣。

在设计中高年级学生作业的时候，教师要多创新题目的呈现方式。

（2）完成方式多样。教师应充分结合教学内容、教学目标及学生的实际情况，将多种作业完成方式有机结合，以更好地发挥作业的检测、引导作用。

（3）反馈形式多样。反馈形式的多样化也是作业多样化的一个表现。除书面作业这种反馈形式外，教师应多创新其他反馈形式，使其更加丰富、灵活。

例如，采用板报形式反馈学生的作文类作业情况，用举办“书法作业展”的方式反馈学生抄写生字、词语的作业情况，用“朗读大赛”的方式反馈学生朗读作业的完成情况，用“×××（种植、家务等）说明书”展示会的方式反馈学生实践作业的完成情况等。

5. 开放性原则

作业不应仅是课堂教学内容的简单重复，也不应局限于机械模仿，而应为“开放性作业”。所谓“开放性作业”，指的是以研究性学习方式为主要学习手段，在作业的形式、内容、操作评估及反馈等方面都具有极大的开放性的一种作业模式。其具体表现如下。

（1）综合性。首先，开放性的语文作业内容应模糊课内与课外、校内与校外的界限。书刊影视、网络资源等都应纳入作业内容，使学生学得更丰富、更扎实，同时使他们在收集、整理、整合、运用课内知识和课外知识的过程中进一步拓展知识面，调动学习的积极性，更好地培养创造性思维。其次，语文作业应该与其他学科有机结合。例如，要求学生种植一种植物，并坚持写观察日记，这是将语文作业与科学学科相结合；要求学生制作贺卡，并写上合适的祝福语送给他人，这是将语文作业与美术学科相结合。

（2）合作性。合作性体现在学生完成作业的方式由一个人向多个人转变。在培养和提高学生语文素养的过程中，培养和激发学生的合作精神是重要的任务之一。教师在进行作业设计时要积极倡导合作学习，以增强学生的合作意识。例如，教师可以通过设计综合性学习作业，引导学生采用小组合作的形式进行实践研究，以形成小组成员间相互激励、相互促进和开放、包容的学习氛围。

（3）活动性。活动性作业内容要贴近生活，教师要通过作业引导学生走向生活、观察生活、感受生活、记录生活。为了提升学生的作文能力和水平，教师可以让学生记日记、写周记，去记录和感受生活，还可以组织学生参加一些生动有趣的活动等。

（三）作业的评价①

学生通过作业进一步巩固学习效果。要让学生作业产生更好的效果，教师批改作业的评语非常重要，得当的评语能够更好地激发学生的学习热情，让学生变得更自信。

1. 肯定式评价

肯定式评价是对学生的作业或作业中的某一方面表示关注和肯定的评价。例如字迹美观，赏心悦目，给你点个赞；这么端正的作业，一定下了很大功夫；你的努力，老师看在眼里等。发自内心的肯定，能够让学生充满自信，继续前行。

2. 批评式评价

批评式评价是指一针见血地点明作业中存在的问题，促使学生改进。批评式评价可以在学生成绩下滑或者骄傲自满的时候起到提醒作用，让学生引以为戒。

3. 激励式评价

在批改作业时，教师应该多激励学生，让学生充满斗志。例如相信你能做得更好；继续努力，下次你就是第一；越努力越幸运，你的努力也一定能收获成功等。

---

① 潘新民，王丽华．小学语文教学设计与案例分析［M］．北京：北京师范大学出版社，2023：32.

4. 说理式评价

说理式评价多引用一些名言名句，通过说明道理，帮助学生战胜困难，转变学习状态。

5. 引导式评价

引导式评价是指直接指导学生行为，帮助其学习进步。例如要结合自己的生活实际谈感受；试着看一些科普类的读物，我觉得你需要这些知识；选择一些文学类的读物，对你的语言表达会有好处等。

（四）作业设计要注意的问题

《义务教育语文课程标准（2022年版）》指出：要合理安排不同类型作业的比例，增强作业的可选择性，除写字、阅读、日记、习作等作业外，还应紧密结合课堂所学，关注学生校内外个人生活和社会发展中的热点问题，设计主题考查、跨媒介创意表达等多种类型的作业，培养学生自主学习和综合学习的能力。

1. 数量要适度

《义务教育语文课程标准（2022年版）》中指出，教师要严格控制作业数量，用少量、优质的作业帮助学生获得典型而深刻的学习体验。教育部对小学生的作业量有明确的规定：学校要确保小学一二年级不布置书面家庭作业，可在校内安排适当巩固练习；小学其他年级每天书面作业完成时间平均不超过60分钟。周末寒暑假、法定节假日也要控制书面作业时间总量。因此，在设计作业，特别是课下作业的时候，教师一定要减少重复无效的作业，把学生从题海中解放出来，更好地发挥作业的功能。

2. 内容多维度

教师要精心设计作业，除了布置精选、精编的基础知识练习和阅读练习等作业外，还要引导学生定期进行课外阅读，引领学生在实践活动中运用语文能力，引入多学科联动的“大语文作业”，多维度、多角度地促进学生语文素养的生成与积淀。

3. 完成有进度

教师在设计作业时要明确提出作业完成的进度，即要有完成作业的时段要求。特别是对综合性学习、课外阅读等长期性作业，教师在设计时要充分考虑学生完成作业的阶段性节点，如每周完成什么研究任务、以什么样的方式总结任务完成情况、预计几周完成任务等，以确保对学生完成作业过程的有效指导和监督。只有这样，才能避免学生在完成长期作业时出现盲目性和对时间把握不当等不良现象。

第三节 教学设计及案例分析

案例

《卖火柴的小女孩》（统编版三年级上册第三单元）教学片段①

教《卖火柴的小女孩》时，一位学生提出问题：为什么大人不卖火柴，让小女孩出来卖火柴呢？

教师是这样引导的：

师：这个问题提得非常好，请大家认真想一想，这是为什么呢？可以小组讨论一下。（学生思考、讨论）

生1：她家里太穷了，于是她偷偷出来卖火柴。

生2：她没卖掉火柴，爸爸一定会打她，说明她不是偷偷出来的，而一定是妈妈生病了，她卖火柴赚钱给妈妈治病。

生3：小女孩有个瘫痪的妈妈、爱发脾气的爸爸，穷得没办法，是爸爸叫她出来卖火柴的。

师：同学们讲的几种可能性都很好，但有一个共同点，是大家都觉得小女孩的家怎么样？

生（齐答）：穷极了！

师：为什么这么穷呢？

（生答略）

综合点评

从案例中不难看出，正是由于教师有较强的课堂教学调控能力，所以当学生提出问题时，才会机智地判断弄懂这个问题对进一步理解课文内容、深化文章的主题有一定的作用，并很自然地引导学生分组讨论、互相启发，从各方面找答案。

拓展阅读

崔妍．勤学笃行 求是创新：大力弘扬教育家精神［N］．人民日报，2023－09－25（4）．

---

① 王梅，岳强，张宝利．小学语文课程与教学［M］．北京：中国言实出版社，2023：225．

第四章　识字与写字教学

第一节　识字与写字教学目标

一、汉语拼音教学目标

《义务教育语文课程标准（2022 年版）》明确规定了小学阶段汉语拼音教学的总目标是“学会汉语拼音，能说普通话”。具体阶段目标是：“学会汉语拼音。能读准声母、韵母、声调和整体认读音节。能准确地拼读音节，正确书写声母、韵母和音节。认识大写字母，熟记《汉语拼音字母表》。”

在理解汉语拼音教学目标时要注意以下几点：

（1）声母和韵母、音节只要求正确书写，不要求默写。

（2）只要求能准确地拼读音节，不要求达到直呼音节的水平。

（3）要求熟记《汉语拼音字母表》，不要求背诵《汉语拼音字母表》。

作为汉语学习的“拐棍”，汉语拼音学习最重要的是其工具属性和实用价值。学习汉语拼音的主要目的是帮助学习汉字、学习普通话，并适应信息化社会的需求。

二、识字与写字学段目标

小学阶段语文识字与写字的总目标：

（1）热爱国家通用语言文字，感受语言文字及作品的独特价值，认识中华文化的丰厚博大，汲取智慧，弘扬社会主义先进文化、革命文化、中华优秀传统文化，建立文化自信。

（2）认识和书写常用汉字，学会汉语拼音，能说普通话。主动积累、梳理基本的语言材料和语言经验，逐步形成良好的语感，初步领悟语言文字运用规律。学会使用常用的语文工具书，运用多种媒介学习语文，初步掌握基本的语文学习方法，养成良好的学习习惯。

（3）感受语言文字的美，感悟作品的思想内涵和艺术价值，能结合自己的经验，理解、欣赏和初步评价语言文字作品，丰富自己的情感体验与精神世界。

各学段目标具体参见《义务教育语文课程标准（2022 年版）》。

三、汉语拼音教学的理念

（一）拼音和识字、阅读、口语表达相结合

《义务教育语文课程标准（2022 年版）》在基本理念中提出："注重课程内容与生活、与其他学科的联系，注重听说读写的整合……"

小学语文统编版教材在内容安排上，拼音由字母、情境图、音节、词语、儿歌、生字、拼音书写等部分组成，遵循综合性原则。在教学时，拼音教学与识字、阅读、口语表达要同步进行，以提高拼音教学内容的整合性。

案例

汉语拼音"d、t、n、l"（统编版一年级上册第二单元"汉语拼音"）的教学①

有位教师在教学汉语拼音时，注重在整合学习情境中掌握新知识。例如，教学"d、t、n、l"，该教师让学生首先通过多种形式练习拼读，依次呈现"tú　dǎ　lè　dú　tā"等音节；其次认读词语、生字、读儿歌；最后练习运用这些音节说话。

这位教师设计的活动注重拼音和识字、阅读、口语表达相结合，提高了学生的观察能力、口语表达能力，让学生感受到汉语拼音的实用性。

（二）激发兴趣，让拼音教学生活化

《义务教育语文课程标准（2022 年版）》教学建议指出："注意减轻学生学习负担，避免死记硬背、机械训练；注意幼小衔接，减缓坡度，降低难度，增强学习的趣味性和吸引力。"汉语拼音主要用于汉语普通话读音的标注，汉字是表意文字，看见形，不能读出音，非常抽象，学生容易厌倦，尤

① 伍晓梅，李桃红．小学语文课程与教学［M］．南昌：江西高校出版社，2023：92.

其是初入学的儿童。一年级的学生集中精神的时间短、自制能力弱，根据教材的要求，要使初入学的一年级学生在一个多月的时间内掌握汉语拼音，这是件不容易的事。

“兴趣是最好的老师”，教师应抓住低年级学生的心理特点，尽可能使拼音教学生动有趣，适合学生的趣味。在具体的教学中多采用活动和游戏的方式，创设孩子感兴趣的情境，如猜谜语、做游戏、编儿歌、编故事等，都是学生喜闻乐见的教学形式，可以用来调动学生学习拼音的积极性，让他们快乐学、愿意学。

另外，还应该让拼音教学生活化。拼音教学应与孩子的生活经验相结合，只有这样才能更好地帮助学生识记那些抽象符号的拼音。在拼音教学中，教师要努力创设生活情境，赋予音节生活意义，提高孩子的识记效果。最常见的方法是“象形法”和“译音法”。

“象形法”即根据拼音的形状特点，联系生活中的一些事物进行形象化识记。例如，孩子会说：e 像白鹅的倒影；l 是一根小棒；n 是门洞；k 像蝌蚪……

“译音法”即根据拼音的发音特点，联系生活中的一些事物进行形象化识记。如“我爱喝水 hhh”“像把椅子 yyy”“气球气球 qqq”“西瓜西瓜 xxx”……

这样通过想象联系，把孩子生活中一些熟悉的或感兴趣的物品与拼音相结合进行教学的方法，能让孩子掌握快、记忆牢，有效提高课堂教学效率。

四、 识字与写字教学的理念

儿童心性向美，识字教学应遵循小学生的认知规律，充分利用汉字之美。鲁迅先生曾说：“中国文字具有三美：意美以感心，一也；音美以感耳，二也；形美以感目，三也。”加强对汉字审美特质的把握，引导学生循序渐进地感悟汉字所蕴含的审美因素，积极培养、提高学生对汉字之美的发现、感受、理解、内化、利用能力，需要语文教学的大智慧。

（一） 激发兴趣， 培养热爱祖国语言文字的感情

汉字是中华民族创造和发展的文化财富，凝聚着民族智慧和情感。因此，在识字与写字教学中，我们应该以兴趣为先导，将培养学生正确运用祖国语言文字的能力、热爱祖国语言文字的情感作为重要目标。

1. 利用汉字独特的造型特点

汉字最主要的特点是以形表意。在隶变之前，从甲骨文到金文，都是以描绘事物或描述事理的象征符号来表达字义的，具有鲜明的象形色彩；隶变以后，汉字的形状发生了很大的改变，由先前的有图画特征的线条变成了比较抽象的符号，虽然大多数汉字已经很难从外形直接看到表达的形意，但我们仍然可以通过溯源来以形推义。数量最多的形声字尽管有表音的声旁，但其也都借用了象形、指事和会意字。因此，虽然汉字经过几千年的变化，大多数已经被抽象化、符号化，但仍然改变不了作为表意文字的属性。同时，儿童的认知特征和思维特点决定了他们在学习中对比较直观、形象的东西更感兴趣，也更容易掌握。因此，教师在教学中就应该利用汉字偏旁部首的表意特点，通过直观形象的教学，让学生更容易掌握相关的字形。

2. 展现汉字丰富的文化内涵

汉字的神奇之处还在于其所蕴含的文化，每个汉字都包含丰富的文化内涵。如果教师在教学中能利用汉字的这个特点，就会让学生更形象地掌握汉字，还会使他们对中华文化有更深的理解。如甲骨文的“夏”字是一个“仪表堂堂”的人形，《说文解字》注明“中国之人也。从夊从页从臼”。由于“夏”本指人，并且是堂堂正正的人，所以“夏”又引申出“大”的意思，进而引申出“华彩”之意。《尚书·孔氏传》中有“冕服采章曰华，大国曰夏”之语，孔颖达的解释是：“中国有礼仪之大，故称‘夏’，有服装之美，谓之‘华’。”因此，“大抵‘华夏’自古以来便是我们汉民族先民的庄严自称”①。关于“夏”字的解释，不仅能让学生对这个字的来源、含义产生深刻的印象，还传达了我国古代文化知识，使学生理解中华民族被称为“华夏”的缘由，激发学生的民族自豪感。

3. 体会汉字中所包含的民族精神

（1）感受汉字蕴含的民族凝聚力。汉字是以一个字的整体表达一个观念的，必须从音、形、义统一的整体去把握、理解汉字。因此，有人认为，这体现出一种强大的民族凝聚力。

（2）体会方块字的和谐思想。汉字原本是不规则的图形，秦朝统一文字后，使用长方形的篆书文字，确定了汉字方形的基础。经过隶变，一直到楷书，汉字就成为真正的“方块字”。这一变化和逐渐形成的传统中庸、中和观念是一致的。书法强调写字要心平气和，身正力均；方块汉书的书写力求字的匀称和谐，因此，常在笔画安排中有避让、呼应之处，处处体现中和观念。

---

① 吴东平. 汉字文化趣释［M］. 武汉：湖北人民出版社，2001：418－419.

（3）发扬传统美德、激发创造力。教师应引导学生从汉字的形体中联想到如何做一个方方正正的中国人，从古代书法家练字的事例中感受中国人坚韧的意志力和巨大的创造性，从而受到民族精神的熏陶，最大限度地激发民族自豪感和爱国热情。

4．识写分开，低年级多认少写

从儿童掌握书面语的角度看，识字与写字密不可分："识"是语言的输入，"写"是语言的传出；"识"是"写"的基础，"写"是"识"的提高。历来语言教学都在教学目标与教学内容中把识字、写字分开规定，《语文课程标准（实验稿）》明确提出了识字与写字的要求应有所不同，一二年级要多认少写。《义务教育语文课程标准（2022 年版）》进一步指出低年级学生会认与会写的字量要求的不同。"识写分开，多认少写"成为低年级识字与写字教学的基本理念和教学原则。

（1）"识写分开，多认少写"的含义。

①"识写分开，多认少写"体现在对象的不同上。传统识字教学把"四会"作为汉字教学的基本要求。一般认为，"四会"就是"会读、会讲、会写、会用"，也有人认为是"会认、会读、会写、会用"。不管哪种解释，"四会"都要求学生通过掌握汉字的音、形、义，在阅读和写作中正确理解和使用汉字。"四会"是汉字学习的最高要求，但在实际教学中无法做到同步。根据儿童认知的发展规律和实际需要，"识"相对于"写"更容易，"识"是"写"的基础，因此《义务教育语文课程标准（2022 年版）》才提出，低年级对识字与写字的要求有所不同，一二年级要多认少写。

②"识写分开，多认少写"体现在数量的不同上。《义务教育语文课程标准（2022 年版）》在课程内容中指出："逐步发展学生的识字、写字能力。第一学段应多认少写，要求学生会认的字不一定同时要求会写，合理安排识字与写字的量。一年级第一、第二学期会认的字大致安排 250 个和 350 个，其中二分之一的字会写。应先认先写《识字、写字教学基本字表》中的字，充分发挥这些字构形简单、重现率高、组字构词能力强的特点，打好基础，举一反三。"

③"识写分开，多认少写"体现在时间的不同上。虽然在最后的要求中，会认与会写的字数不同，但更多体现在二者掌握时间先后的差异上。从汉字掌握的最高要求看，会认的字最好都会写，这就是传统识字教学的"四会"要求；但从儿童的特点和需要而言，认字与写字有个先后的顺序，先会认才会写，不会认就谈不上写。因此《义务教育语文课程标准（2022 年版）》规定，第一学段（一二年级）"认识常用汉字 1 600 个左右，其中 800

个左右会写”，第二学段（三四年级）“累计认识常用汉字2 500个左右，其中1 600个左右会写”，第三学段（五六年级）“累计认识常用汉字3 000个左右，其中2 500个左右会写”。这除了体现数量不同的要求，也体现出时间的差异，低学段多认先认，随后将认与写的差距逐步缩小。

（2）“识写分开，多认少写”的依据。

①中国传统语文教学经验的总结。我国古代蒙学教育强调先识字的作用，王筠在《教童子法》中提出了“蒙养之时，识字为先，不必遽读书”“能识二千字乃可读书”的看法；崔学古也在《幼训》里强调“凡训蒙勿轻易教书。识字至千字外，方用后法教书”。《百家姓》《三字经》《千字文》《急就篇》是古人进行集中识字教学的教科书，这些教科书主要是给学生认字用的，开始只认读，不要求写和用，甚至不讲字义，写字另有其他教科书。张志公先生在总结前人语文教育经验时就认为，古人在蒙学教育阶段“以教会儿童认字为主……这期间也开始教儿童写字，但是写字的进度跟认字的进度不要求一致，就是说，并不要求认什么字就写什么字。这是传统的集中识字教学的基本方法。千百年来，前人一直采用这个方法，不肯放弃”①。可见，“识写分离，多认少写”理念在古代教育中就已经体现。

②汉字本体特征与儿童发展的要求。汉字是表意文字，是音、形、义的统一体。汉字字形的象形与表意特征让儿童更容易辨认，但笔画繁多、字形复杂，则不易书写。基于汉字认知中音、形、义的心理联系研究，董蓓菲认为：“就心理学的角度而言，学生识字的本质就是记住汉字的音、形、义，而且让这三个因素相互沟通，使神经联系过程可以在任何一方进行。”② 因此，“识写分开，多认少写”实质上就是将掌握一个汉字所需建立的多种联系分解开来，先建立“形—音”“形—义”两种联系，再建立“音—形”“义—形”两种联系，实现“会写”汉字。在小学语文教学中，识字是基础，阅读才是重点，阅读既是学生最重要的能力之一，同时也可以为写作打基础。

（3）“识写分开，多认少写”理念的贯彻。

①以兴趣为先导，遵循汉字和儿童特征。就掌握字形而言，相对于由字母组成的表音文字，汉字形体更为复杂；就学习过程而言，写字比认字更乏味。因此，如果在识字和写字教学过程中过多采用机械识记和反复抄写的方法，势必使学生失去学习的动力，既不能达到多认的要求，也没有办法处理

---

① 张志公．传统语文教育初探［M］．上海：上海教育出版社，1962：32.

② 董蓓菲．“多认少写”的学理依据［J］．小学语文教学，2006（2）：6－8.

好读与写的关系。如果教师以学生的兴趣为先导，依照汉字的构字规律来教学，则可以达到事半功倍的效果，让学生记得快、记得牢。

②以认字为基础，处理好认与写的关系。“识写分开，多认少写”在具体贯彻中不是简单的分合和多少的关系，正确把握认与写、分与合、多与少是实现这一理念的关键。从认与写的关系看，认是写的基础，学生掌握的语言不管是口头的还是书面的，都是从模仿开始的，如果缺乏对字形必要的认识，就很难写出字来。因此，写字教学一定要建立在扎实的识字教学的基础上。从分与合及多与少的关系看，先认再写、多认少写只是阶段性要求，目的在于集中精力认字，为全面掌握汉字打基础。因此，识字教学是基础，只有扎扎实实打好这个基础，才能达到先认、多认的效果。

③以发展为目标，关注学生情感与态度。语文教育以发展学生的语文素养为最终目标。语文素养既体现在学生扎实的语文知识和基本技能中，体现在学习兴趣和学习习惯中，也体现在学生情感态度与价值观中。识字教学是语文素养形成的基础。在识字教学中，先识字、多识字是为阅读与写作打基础，更是为学生形成语文素养奠基。因此，多识字和先识字不能只求数量和速度，更要注重培养学生学习语文的兴趣，让学生养成良好的学习习惯，为学生语文素养的形成与终身发展打基础。

（二）识用结合，引导学生走开放式识字与写字之路

识字与写字的目的是为阅读与写作打基础，识字与写字教学必须与“用”相结合。《义务教育语文课程标准（2022 年版）》指出：“识字与写字教学应结合学生的生活经验，采用形象直观的教学手段，创设丰富多彩的学习情境，综合运用随文识字、集中识字、注音识字、字理识字等多种识字方法，逐步发展学生的识字、写字能力。”因此，教师在识字教学中必须利用各种方法调动学生的学习兴趣，以形成学生自主识字能力为目标，引导学生在读中识，在动中识，在用中识，在探中识。

（1）在阅读中识字与写字。

阅读既是识字与写字的主要目的，又是识字与写字最有效的途径。在小学语文教学中，阅读教学是最主要的内容，而识字与写字教学也几乎贯穿整个阅读教学过程，所以利用阅读教学让学生在阅读中识字、写字、用字，是提高学生识字、写字能力的有效途径。在低年级的阅读教学中，教师要把识字与写字作为重点，从教学目标的确定、教学方法的选择、教学过程的设计、教学效果的评价等各个方面体现识字与写字的教与学。

（2）在活动中识字与写字。

在快乐的活动中学习是学生最喜欢的学习方式，也最能体现学与用的结合。教师把识字与写字教学放在一个真实有趣的情境中，可以吸引学生的注意力，激发学生对识字的兴趣。在语文课堂教学中，我们经常可以看到教师采用“开火车”“生字开花”“摘苹果”等巧妙而有趣的方法吸引学生，让学生在快乐的氛围中识字与写字。又如卡片拼图游戏，将生字“理”“国”“祝”“度”写在苹果形的卡片上，将能和其中一个组成词的字如“合”“道”“家”“王”“原”“贺”“欢”“过”写在树叶上，两片树叶托着一个苹果，拼成一幅图，学生自己合理组合。另外，教师还可以结合少先队活动、春游活动、参观活动等各种活动，让学生在具体的语言环境中识字、用字。

（3）在生活中识字与写字。

生活是孩子最好的老师，一旦孩子的学习建立在生活体验的基础上，不仅理解得快、理解得深，还可以建构属于自己的知识。因此，语文课程标准强调，识字教学要结合学生的生活经验。

在生活中识字与写字，做法有两种。一是在课堂教学中把课文的生字与生活结合起来。如出示生字后，教师不急于教，而是先让学生回忆一下在什么地方见过这个字，让学生与生活经验建立联系，并进行充分的交流，从而获得完整而深刻的印象。二是引导学生走出课堂，走进生活，通过认招牌、看广告、读标语等方式，借助日常生活情境识字，获得最真实、最有效的生活体验。

（4）在探究中识字。

新课改强调学生是学习的主体，提倡自主、合作、探究的学习方式。在识字与写字教学中，教师应该尽量为学生创设自主、合作、探究的学习情境。学生只有遇到问题、发现问题，才能体会知识的用处；只有在生活、阅读中发现很多不认识的字，体会到识字的好处，才有学习的动力。教师应鼓励并引导学生通过各种方式去认识汉字，掌握汉字，体会汉字造字的妙处，发现汉字造字的规律，从而获得主动识字、自主识字的乐趣和能力。例如，小学语文教科书多元识字法的编排思路，就特别注意引导学生在探究中识字。

以小学一年级语文课文为例，《日月水火》可以用象形识字法，《小书包》《升国旗》可以用儿歌识字法，《口耳目》可以用看图识字法，《日月明》可以用会意识字法，《对韵歌》可以用韵语识字法，《画》可以用猜谜识字法等。结合“识字加油站”“我的发现”，教科书有意安排了“多元认字”内容，不完全依赖拼音认字，强调多通过字形、结构、偏旁等去认字。这样到二年级下学期，学生一般就掌握了“多元认字”方法，不仅会拼音识字，还会根据上下文猜读，根据形声字的构字规律猜读。教师应多关注教科书中“多元认字”的教学思路，并加强研究。

第二节　识字与写字教学的方法

一、汉语拼音教学

汉语拼音教学是小学低年级教学的难点，教师在教学中要尽可能多地运用各种方法，创设儿童喜闻乐见的学习情景和语境，引导学生在游戏中学习拼音，在生活实践中运用拼音。

（一）直观演示法

对于初入小学的儿童来说，生动的形象、鲜明的色彩更能留下深刻的印象。在汉语拼音教学中，教师要充分利用教材中的情境图片，辅以简笔画、布贴画、实物等形式，使每一个拼音字母第一次出现时，都带着有趣的形象、鲜明的色彩。例如，教学“g、k、h”时，可以利用课文中的情境图——公园一角。在此情境图中，和平鸽的“鸽”提示“g”的音，橄榄枝的形状提示“g”的形；蝌蚪的“蝌”提示“k”的音，水里的小蝌蚪与水草构成的形状提示“k”的形；喝水的“喝”提示“h”的音，椅子的形状提示“h”的形；整幅画面涉及“g、k、h”三个声母。为帮助学生理解并记忆这三个声母的音和形，可教给学生以下顺口溜：“鸽子鸽子 ggg，蝌蚪蝌蚪 kkk，喝水喝水 hhh。”

（二）儿歌说唱法

儿歌朗朗上口，是儿童喜闻乐见的一种艺术形式。根据字母的字形编出儿童喜爱的儿歌绕口令等，把抽象的符号变成鲜活的形象，能够使学生对拼音字母的学习产生浓厚的兴趣，形象直观地帮助学生记忆每个字母的字形和发音，以及各种规则。例如，标调号歌，“标调号方法，有 a 不放过，没 a 找 o、e；o、e 都不在，就找 i 和 u；i、u 并列标后边”。又如，学完“ie、üe、er”后，可以将《上学歌》的歌词进行改换：“月儿对我笑，树叶儿把手招，风儿吹，叶儿摇，中秋夜晚多呀多美妙！”再如，有教师利用儿歌《两只老虎》的旋律，编写了儿歌《分清声母：b 和 p》，让学生在歌唱中学习拼音字母 b 和 p，既活跃了课堂气氛，又调动了学生分清声母 b 和 p 的积极性。

案例

分清声母 b 和 p①

1 = C4/4

1	2	3	1	1	2	3	1	3	4	5—	3	4	5—
右	下	半	圆，	右	下	半	圆，	b	b	b	b	b	b
右	上	半	圆，	右	上	半	圆，	p	p	p	p	p	p

5 6	5 4	3 1	5 6	5 4	3 1	2	5	1—	2	5	1—
我们	爱听	广播，	我们	爱听	广播，	b	b	b	b	b	b
小猴	推车	爬坡，	小猴	推车	爬坡，	P	P	P	P	P	P

（三）创编故事法

故事是儿童最喜欢的文学形式之一。对于一些较难掌握的拼音规则，教师可以引导学生通过想象，创编一个个有趣的故事，让学生在听故事、编故事的过程中记忆拼音规则。例如有位教师在进行拼音规则教学时，根据“a、o、e”可以单独注音，而“i、u、ü”则要在前面加“y、w”后变成整体认读音节才能为汉字注音的规律，引导学生创编以下故事：

a、o、e，胆子特别大，发音时嘴巴张得大，声音也特响，见到合适的字，就跳到上面放声唱，你看 a 见到“啊”，奔上去叫道：“aaa。”而 i、u、ü 胆子特别胆小，发音的时候，嘴张得小，声音也没 a、o、e 亮，见到字总往后躲：“我不敢，我不敢！”ü 胆子最小，吓得还哭了起来。这时，正好 y、w 从旁边经过，听说了这事后，说：“不用怕，不用怕，你们跟在我们后面，我们来保护你们。”i、u 一听，高兴极了，连忙找到自己的大哥哥，变成了 yi、wu，高兴地去给字注音了，可 ü 还站在那儿抹眼泪。y 听见了，连忙回过身来说：“不哭不哭，我也带你一起走。”y 快步上前为 ü 擦掉眼泪，ü 站到 y 的后面变成了 yu，开心地给字注音去了。

创编故事，不仅创设了一种语言环境，帮助学生锻炼口语表达能力，发展语言智慧，而且生动有趣，赋予所学知识一定的意义，引起学生的学习兴趣。

（四）趣味游戏法

儿童心理学研究表明，游戏是儿童参与率、合作率较高的一种行为方

① 王梅，岳强，张宝利．小学语文课程与教学［M］．北京：中国言实出版社，2023：114.

式。音节的拼读比较枯燥，很难长久地吸引学生的注意力。因此，教师可在教学中精心创设情境，通过各种各样的游戏，让学生充分活动起来，调动学生自主学习的积极性。例如，“对对碰”游戏：学生每人有一套标四声声调的单韵母，教师在黑板上写一组声母，并说出一个音节，学生比谁先站到相应的声母旁，组成音节，并带大家读。

（五）做“手指操”法

在汉语拼音单元中，每一个拼音字母都配有一个相应的“字母手指操”。教师要引导学生积极学习、参与。例如，学习单韵母“a”时，可引导学生左手拇指和食指做成半圆，其余手指弯曲；右手食指竖起，其余手指捏成拳头，两手靠在一起就是“a”。一个人做不了的，可以引导学生通过合作完成。字母随手而带，走到哪儿、玩到哪儿、拼到哪儿，使学生在实际操练中快速掌握拼音字母的字形。

（六）辨别分析法

在汉语拼音中，有些字母的形体是比较容易混淆的，如 b－d、p－q、f－t、n－h、m－n 等。教师在教学中可以利用音位、形体、音色等方面的特征，引导学生进行比较、辨别，帮助学生掌握易混拼音字母的字形和发音。例如，帮助学生区分 b－d、p－q 时，可以让学生伸出左拳，拇指向上，演示出字母 b 的形体，再伸出右拳，演示出 d 字母的形体，然后让学生将两拳相对后向下翻，便演示出字母 p 和 q 的形体。在演示过程中，可以搭配以下顺口溜：“左拳 b 来右拳 d，两拳相对念 bd；左竖朝上就念 b，右竖朝上就念 d。左下 p 来右下 q，两拳相对念 pq；左竖朝下就念 p，右竖朝下就念 q。”

识字与写字是小学语文教学的主要内容，更是第一学段的教学重点。教学策略是凝聚学生智慧、发展学生思维、让学生掌握知识和提高能力的关键所在，只有教学策略应用得当，才能提高识字与写字教学效率。

二、从字源入手，了解汉字文化

通过对汉字的溯源分析进行汉字识记，是一种重要的识字与写字教学策略。它通过挖掘汉字的造字理据与演变特点，把握汉字的文化内涵，构建汉字音、形、义之间的联系，进而达到识记汉字的教学目的。

以下是小学语文教材统编版三年级上册第五单元第 15 课《搭船的鸟》教学片段，教师从字源入手，让学生认识“羽”字。

案例

认识“羽”字①

师：我们来认识一个有趣的字（课件出示甲骨文“羽”），猜猜这是什么字？

生1：这个字像是流动的水。

生2：这一定是古代的字。它像是动物身上的长毛。

生3：这个字像是鸟的翅膀，翅膀上还长着羽毛。

师：你们说对了，这个字就是甲骨文中的“羽”。甲骨文是世界上出现的最早的文字之一，它已经有3 000多年的历史！甲骨文是聪明智慧的中国人创造出来的，最初是写在龟甲和兽骨上，所以叫作甲骨文。甲骨文可是我们中华民族的骄傲。同学们，你们看，随着时间的变迁，“羽”字也发生了变化，慢慢变成我们现在熟悉的“羽”字。（课件展示“羽”字从甲骨文到金文，再从小篆到隶书的演变）

师：我们一起读读这个字。

生齐读：羽。

师：谁会给“羽”字组词呢？

生：羽毛、白羽、羽翼丰满。

师：再来一起读这个字。

生齐读：羽。

在上述教学片段中，教师在指导学生认识“羽”字时，采用了字源识字的方法。出示甲骨文“羽”字，让学生猜一猜这是什么字，调动学生学习汉字的兴趣，继而向学生介绍甲骨文的由来，并让学生了解“羽”字数千年的演变。学生能够感受到汉字文化的博大精深、源远流长，对“羽”字的印象更加深刻。此外，从字源入手，学生更能理解字的本义，对他们正确运用汉字也是有帮助的。

字源识字作为识字方法之一，有助于学生识字，让汉字的发源与演变过程在课堂上“活”起来。教师在识字教学中运用字源识字法，能够让学生在学习中加深对传统文化的认识，使其增强对祖国语言文字的热爱。识字教学既能渗透中国汉字文化，还能有效地激发学生的识字兴趣。

---

① 潘新民，王丽华．小学语文教学设计与案例分析［M］．北京：北京师范大学出版社，2023：55.

三、 联系生活， 拓展识字渠道

联系生活识字是利用学生生活的大课堂，充分拓展学生识字空间，引导学生在生活中关注汉字的出现和使用，进而掌握汉字的音、形、义。在课堂上引导学生进行联系生活识字的交流，可以通过相互之间的启发，使识字教学的效率更高。

案例

《影子》（统编版一年级上册第六单元）教学片段

——指导学生认识“影”字①

教师指板书“影”字。

师：同学们，这个字，你们在哪里见过吗？

生1：妈妈带我去看电影，我看到电影院的门口有“影”这个大字。

生2：我也去看过电影，电影票上有这个字，而且要拿着我们买的票找到对应的影厅。

生3：我爸爸爱看电影频道，他看这个频道时，电视上经常会出现“影”这个字呢。

生4：公交车站的广告牌上就写着“最具影响力的十大人物”，是我妈妈教给我念的。

师：你们都是爱观察的好孩子，善于从生活中学习认字。再来齐读这个字，影。

生齐读：影。

师：谁会用“影”字组词？

生：电影、影响、影子。

上述教学片段中，老师引导学生们说一说在哪里见过“影”这个字，调动了学生的生活经验。这个字从字形方面来说，较为复杂，不易识记，但属于常用字，在生活中出现的频率较高。学生描述自己在电影院、广告牌等情境中见过这个字时，其实也是将这个字进一步理解和运用的过程。这样的教学环节，在帮助学生认识生字的同时，还渗透了在生活中识字的学习方法。

---

① 潘新民，王丽华. 小学语文教学设计与案例分析［M］. 北京：北京师范大学出版社，2023：56.

《义务教育语文课程标准（2022年版）》提出第一学段“认识常用汉字1 600个左右；其中800个左右会写”。这就是提倡低年级识字要认写分开，多认少写。“认写分开”就是把认字和写字暂时分开，也就是把生字“四会”的要求分项、分阶段落实，而不是一步到位。总原则是先认后写、多认少写、认写分开，这是符合学生认知规律的教学思想。

四、探究汉字字理，灵活学习汉字

汉字有着它特有的构字依据和组成规律。字理识字就是依据汉字的构字规律，运用汉字形、音、义的关系进行识字教学的方法。揭示和解析字理，使学生牢固建立字的音、形、义之间的联系，是这种识字方法的核心；启发学生展开想象，是其基本和有效的方法。字族识字、形声字识字、字谜识字等都是这种策略下常用的识字方法。

案例

《树之歌》（统编版二年级上册识字单元）教学片段

——认识带有木字旁的“杨、桐、松、棉”等汉字①

教师在课件中展示汉字“杨、梧、桐、松、棉、枫、柏、杉、桂”。

师：仔细观察这些字，你们有什么发现？

生：这些字都带有木字旁。

师：你们发现了字形里的秘密，再读一读，你还有什么发现？

生1：梧、桐、枫，我发现这些字的读音就是木字旁边的字。

生2：柏和桂字，它们的发音和右边部分的发音虽然不一样，但是很相近。

师：你们观察得很仔细。这些字左边木字旁表示它们都是树木，右边的字提示了它们的读音，像这样的字，我们把它们叫作形声字。我们可以利用形声字的特点，认识更多的生字。结合图片的提示，猜猜这些字都该怎么读。

教师在课件中展示出“棕树、椰树、橡树、香樟、石榴”，学生尝试认读。

---

① 潘新民，王丽华. 小学语文教学设计与案例分析［M］. 北京：北京师范大学出版社，2023：57.

形声字是汉字中的一个大类，约占汉字总数的85%。形声字形旁表示字义，声旁表示发音，课例中老师引导孩子们通过认读感受形声字的特点，在头脑中有效地建立汉字音、形、义的联系，遵循识用结合的学习规律，还用所学方法尝试认读其他形旁相同的汉字。学生的认字量和感受力都有所提升，这可以大大提高学生识字的效率。

我们要教好识字，就需要研究汉字字理。了解汉字的构造原理及其使用规律，进而从根本上认识、把握汉字音、形、义的联系，掌握汉字具有的象形——结构性、表意——联想性、构词——组合性三大特点。运用字理识字的教学策略，可以在不增加学生负担的前提下，调动学生对汉字的观察力、理解力和想象力，强化学生对汉字的记忆，有效预防和减少错别字的产生。

五、随文识字，识字与阅读有机结合

随文识字就是把生字词放在特定的语言环境即具体的一篇篇课文中来感知、理解和掌握，把识字和阅读结合在一起。识字在语境中进行，既利于在分散中巩固，又利于增进对课文的理解。

案例

《“诺曼底”号遇难记》（统编版四年级下册第七单元）教学设计节选①

1. “难”字释义，导入课题

教师现场板书“难”字，并请学生认读。引导学生了解这是个多音字，读四声时，意思是不幸的遭遇，灾难。教师随后板书词语“遇难”。

师：本文记录的是一艘名叫“诺曼底”号的轮船因为撞击而沉入大海的故事。教师用板书补充课题，并请学生朗读课题。

2. 初读课文，认读字词

师：请同学们自己朗读一遍课文，要把字音读正确。

学生自由朗读课文。

师：同学们，课文中出现的这些词语你会读吗？（教师在课件中出示生词：惊恐万状、不可开交、失魂落魄、惊慌失措）

师：想一想这些词语的意思，你有什么样的发现？

生：这四个词语都是描述灾难来临时人们的表现，所有人都慌了神。

---

① 潘新民，王丽华．小学语文教学设计与案例分析［M］．北京：北京师范大学出版社，2023：58.

师：哈尔威船长和其他人的表现完全不同，他有着怎样的表现呢？请你再读一遍，找一找。

学生找出以下词语，并结合词义说明自己的理由。

镇定自若　从容不迫　纹丝不动　犹如铸铁　临危不惧　巍然屹立

师：这些词语都是用来形容哈尔威船长的果敢、镇定的。正因他的这种品质，大家才能在灾难中顺利脱险。

中高年级阅读教学中的识字多随文进行。上述教学片段中，教师引导学生读完课文之后找出相关意思的词语，并且交流对于词语的理解，既能在反复的认读中识记生字，又能掌握词义，还可以借由对词语的理解，顺理成章地进入后一环节课文内容的学习。

随文识字的教学策略重在把握识字、阅读、表达能力三者之间的辩证关系。识字是为了阅读和写作，它为阅读和表达能力的培养提供条件，而阅读和说话、造句、写作等练习又巩固了识字。所以说，随文识字实现了识字教学的双重目的：在阅读中识记汉字，通过识字帮助阅读。

六、写字教学遵循“五步指导法”

语文特级教师于漪曾说过：“如果打开用汉字写的一本书，那就好像进入了一个画廊，一幅幅画争先恐后地向你的感官申述它的喜怒哀乐。”

多么美妙的巧合啊！汉字如“诗”似“画”，这是其表意性使然。或许我们的写字教学就该引领孩子们通过那一个个笔画、部件，去感受汉字如“诗”似“画”般的意境。

写字堪称一门综合课程，写字教学对全面育人有着极其重要的作用。写字教学不能拘泥于简单的笔画分析与机械操练，而应尽可能丰富写字教学的内容和形式，实现多种价值与目标，促进学生的全面发展。

1. 民族情怀

语言文字是文化的重要组成部分，是一个民族文化发展和民族心理积淀的成果。汉字蕴含着丰富的文化信息。汉字的构形，从结构的各种要素，到这些要素的组合方式，从单个汉字的孤立形态，到成篇汉字的整体构象，都要比其他文字复杂得多。

写字是为了满足书面交流的需要而掌握字形，更是为了体认民族文化。写字教学必须增强学生对祖国语言文字的热爱之情和对中华民族文化的理解以及民族自信心和自豪感。“在世界各民族文字之林中，唯有汉字的书写才能形成人类最伟大的艺术门类——书法。”中国书法艺术的审美价值得到越来越广泛的国际认可。虽然写字教学不是培养书法家，但我们必须认识到写字与继承中华民族优秀文化遗产的密切关系，自觉涵养学生深厚宽广的民族情怀。

2．实现文以载道

把字练好是一项长期工程，需要学生勤学苦练，持之以恒。写字教学承载着综合育人的功能。一位教师在指导“跳”字的书写时，两个孩子因对方是否超过了课桌上的分界线而正在悄悄地争执。教师灵机一动，说了这样一番话：“其实我们同桌相处，有时就应该像写字时安排两个部件一样，这边宽了，那边就让一让。看这个‘跳’字，右边大些，这左边‘足’字下边的一‘捺’不就变成收了脚的‘提’了吗？”听到此话，两个学生都住了手，脸上露出羞愧之色。接着，教师又说：“所以，我们要像汉字的两个部件一样，亲密地团结在一起，注意谦让，有些笔画要改改，有些笔画要穿插过去，就像朋友之间拉着手一样。”说完，教师一笔一画地范写了“跳”字。这样的教学，既指导学生把字写漂亮了，无形中也引导了学生的思想与行为。人们常说：“做人就要像我们的汉字一样方方正正！”“做事要像汉字搭配那样变通。”类似的人生指引，不但能够体现汉字的特点，而且最好渗透到写字教学中，促进学生健康成长。

3．引导审美创新

汉字的笔画部件、构形结体等都体现着中华民族独特的审美意趣。独体字一笔一画舒展灵动，落落大方，方正而不呆板；合体字笔画组合疏密有致，均衡稳健，浑然一体。汉字基本笔画不多，书写过程中却出现了许多变化，如“点”就有短点、长点、俯点、仰点、竖点之分。笔画的变化及笔画之间体现出的相互照应，符合审美习惯。与其他任何一种文字的书写相比较，汉字的书写无疑具有最多的讲究，最需要心智的投入，也最能培养审美创新能力。教师必须自觉地把写字教学与提高学生语文核心素养紧密联系起来，努力陶冶学生的性情，高度重视写字的审美与创新育人价值。

4．促进思维发展

写字对学生的思维发展有很好的促进作用。比如，观察写字的笔顺，可培养学生有序的思维；观察笔画的形态，可培养学生精细的思维。观察部件的搭配、观察某一类结构的字的书写规律、观察某一笔在整个字中起到的关键作用，可引导学生的思维由部分优化向着整体优化发展，由一般性关注向着专注于重点、核心内容发展。所以，教师必须根据小学生的学段特点，针对每堂课要求会写的字的特点进行有效的总结，积极促进学生思维能力的发展。

小学写字教学要根据学生的年龄特点及学习进度，分学期有重点地进行。崔峦先生说："要加强写字的指导与训练。指导要得法，由笔画、笔顺到间架结构，要讲清关键笔画的笔形、占位，还要用标准、美观的板书进行示范。"小学语文教材副主编蔡玉琴认为，一年级写字教学的重点是要打好笔画、笔顺的基础，把字写得正确、端正、整洁；二年级写字教学的重点是提高写字质量，要从字的间架结构及占格方面多作指导。

写字教学的"五步指导法"，即观察、书写、范写、练写、评价，这一系列基本步骤符合学生的认知规律，可以实现课堂上写字教学的科学化、高效化。一年级课堂上，建议每个字都要遵循这样的步骤进行教学。随着年级升高，学生写字能力增强，教材中要求会写的合体字数量增多，则可以分类指导、重点指导。

案例

统编版一年级上册识字 1 教学设计节选
——指导书写"一"字①

1. 教师简单介绍中国汉字的特点

师：中国汉字又叫方块字，由一笔一画的笔画组成，不同的笔画有不同的名称。

2. 教师指导学生认识田字格

师：我们在学习写汉字时，有一个很好的"帮手"——田字格。田字格的每一条线和每一个格都有它特有的名称。每一个汉字在田字格中都有它的固定位置，不能胡乱摆放。

3. 教师指导学生书写汉字"一"

①观察。观察"一"的田字格占格特点，引导学生发现"一"写在横中线上，左右两边留有空间。

②书写。学生一边观察一边伸出右手食指书写，边书写边说出笔画名称"横"。

---

① 潘新民，王丽华．小学语文教学设计与案例分析［M］．北京：北京师范大学出版社，2023：59.

③范写。教师范写，边写边强调，横要写在横中线上，从左到右书写，要写平稳。

④练写。学生在课本田字格中练习书写，先描红两个，再练写一个，教师巡视指导。

⑤评价。教师展示并请同学交流评价学生的书写，提出修改完善的建议，学生继续练习写“一”字。

注意事项：

①学生练写之前，教师要讲解写字姿势，边讲解边示范，握笔时大拇指和食指脸对脸，中指指节抵后面，“眼离书本一尺，胸离桌子一拳，手离笔尖一寸”。

②教师巡视指导时，要特别关注学生的坐姿和握笔姿势，出现问题及时纠正。

“一”字是汉字中笔画最为简单的一个汉字，也是小学语文教材统编版中教学生书写的第一个汉字。以上教学设计课例清楚、完整地展示了用“五步指导法”指导学生书写“一”字的过程。学生既有观察交流，又有模仿参照，继而动笔练写，眼、口、耳、脑、手均被调动起来，全神贯注完成“一”字的书写学习。教师在教学过程中还注重培养学生良好的书写习惯——正确的坐姿和握笔姿势。

早在 1962 年，郭沫若就在《人民教育》杂志上题词说：“培养中小学生写好字，不一定要人人都成为书法家，总要把字写得合乎规格，比较端正、干净、容易认。”《义务教育语文课程标准（2022 年版）》中指出：“写字评价要考查学生对要求‘会写’的字的掌握情况，重视书写的正确、端正、整洁，在此基础上，逐步要求书写流利。”“五步指导法”让书写指导有章可循，学生看、写、评、改一气呵成，既能达到很好的教学效果，又提高了课堂教学效率，是解决教材中大量要求会写字难题的一项重要教学策略。

鲁迅先生、叶圣陶先生都曾反复劝导人们写字必须专注认真。人们常说“字如其人”。指导学生认真写字，实际上也是在教导学生认真做人。好习惯终身受用，写字教学务必加强学生各种好习惯的培养，提升学生的语文技能和人格修养水平。

第三节 教学设计及案例分析

案例

《小小的船》（部编版一年级上册第七单元·阅读）教学设计①

【教学目标】

（1）认识“船、的、两、看、见、闪、星、在、里、头”十个生字，会写“月、头、儿、里”四个汉字。

（2）正确、流利地朗读和背诵课文，发展想象力。

（3）激发学生热爱大自然的情感，初步树立人与大自然和谐相处的意识。

【教学重点】

（1）正确认读和书写生字。（2）美读成诵，学会读中想象。

【教学准备】

（1）给学生布置观察夜空、观察月亮的任务。（2）多媒体教学辅助课件、生字卡片。

【教学过程】

一、情境导入，揭示课题

（1）教师导入情境。

师（出示船的图片）：同学们，你们看，这是什么？（板书：船）

师：你见过什么船？同学们见过这么多船，那我们再一起读一读这个字。（强调翘舌音）

师：夜晚，小船在大海中航行，蓝蓝的天空中有闪闪的星星，还有弯弯的月亮，我们看弯弯的月亮像什么？（板书：月亮）

师：今天我们就来学习叶圣陶爷爷写的关于月亮的一首非常好听的诗歌《小小的船》。（板书：小小的船）

（2）再读一读课题。

①初读识字，记住字音。

②指导学生圈点批注，要从一年级开始训练。

---

① 王梅，岳强，张宝利．小学语文课程与教学［M］．北京：中国言实出版社，2023：126.

二、初读课文，读准字音

（1）教师范读，学生注意听好字音和停顿。

（2）请同学们自读课文，读的时候借助拼音读准字音，读后在文中圈出要求你会认的字。

（3）师生借助拼音，共同逐字学习生字读音。重点指导：“的”读轻声；“在”是平舌音。

（4）指导学生学习重点生字。

（5）师：这首诗歌一共有几句话？（两句话）

师：我们把句子的序号标记出来。就是在每个句子的开头，认真地写上它的序号。（教师巡视指导）

三、学习第一句话

引导学生在想象的基础上，有感情地朗读课文，熟读成诵。

师：谁来读一读第一句话？

师：（出示句中两个生字）我们要记住“头”字是怎么写的，我们一起写一写。

师：“两头”是什么意思呢？这句话写了什么内容？

师：在这句话中，说月儿像什么？（板书：月儿像小船）

师：这艘月亮船是什么样的？你能说一说吗？（两头尖）

师：我们把这月亮船的美丽读出来。（指导学生有感情地朗读课文）

师：你能把这句话记在脑中吗？请你跟同桌一起背。（齐背）

师：这艘月亮船可真美！你们刚才认真学习的样子也很美。现在我们的眼前看到了一艘美丽的月亮船：它（弯弯）的，（小小）的，两头（尖尖）的。（出示课件，学生口头填空）那接下来，作者又写了什么呢？

四、学习第二句话

（1）指导学生读第二句话。

（2）学生圈画会认的字：①在　②里　③看　④见

词：①船里　②看见　③闪闪的　④星星

（3）学习生字。重点指导“里”字的书写笔顺。

（4）师：这句话中的字还真不少，接下来要把这些字放到第二句话中，你会读吗？

（5）师：这句话写了什么？（出示课件：闪闪的星星、蓝蓝的天）多美呀！你能想象我们坐在月亮船上看到的美景吗？

（6）想象情境，反复阅读，熟读成诵。

五、背诵诗歌

师：我们为这首诗歌配上优美的音乐，再读读这首诗歌吧。（多种形式阅读）

师：其实，这首好听的诗歌，我们已经会背了，全体起立，我们一起背。

六、练习巩固

师：大家一起来闯关，好不好？

（1）识字关。（读十个会认字，不带拼音）

（2）词语大冲关。（正确读出词语）

（3）把上下两行词语，合适的连一连。

（4）写字关。（指导学生在田字格中写字）

七、总结

师：这节课，我们不仅认识了这么多字，而且学会了一首诗歌，同学们表现得真好，下课后我们把这首诗歌背诵给家长听，好不好？

综合点评

《小小的船》是一篇朗朗上口的诗歌，虽然篇幅短小，但想象丰富、意境优美，很受孩子们喜欢。教学中教师从课题入手，在阅读中识字，将识字教学与阅读引导有机结合，收获了很好的教学效果。

为了让孩子们更扎实地识字，教师先是要求学生圈画本课生字，增强了学生学习的目的性。在带着学生借助拼音学会了生字读音之后，教师遵循在语言环境中识字的原则，把生字放到句子中，引导学生体会生字，带出词语的意思，达到了释义的目的。最后，教师又在游戏中完成了指导文中重点生字书写的任务。教学层次清楚、环环相扣、疏密有度，很成功。

教学中指导学生阅读的教学目标完成得也很好。教师从题目入手，逐句引导学生读懂句子的意思，想象句中的情境，完成从熟读到成诵的学习过程。特别是注重了对一年级学生的学法指导，教给他们如何标记句子的序号，指导具体，可操作性强，为孩子们今后的学习奠定了基础。在熟读的基础上达成背诵诗歌的目标，也体现了教师对低年级学生学情的准确把握，教师的指导很到位。

一年级语文教学是基础教学，是奠基工程。我们的教学要一步一步来，每一步都要踩实，这样学生的语文基础才能扎实。

拓展阅读

涵养启智润心、因材施教的育人智慧：三论学习习近平总书记关于弘扬教育家精神的重要指示［N］. 中国教育报，2023－09－13（1）.

第五章　阅读与鉴赏教学

第一节　阅读与鉴赏教学的目标

阅读是从写的或印的语言符号中取得意义的一种心理过程。广义上说，读书、读报、看图纸，甚至看图像，都是不同形式的阅读活动。狭义上说，其专指阅读书刊、报章的文字。在语文教学中，阅读则特指阅读语文教材中的课文和课外读物。

现代的阅读观认为，一般意义上的阅读是搜集处理信息、认识世界、发展思维、获得审美体验的重要途径。

阅读与鉴赏教学是指重点培养学生阅读能力而进行的一系列语文教学活动，是教师指导学生凭借书面材料获取知识和技能，形成和提升语文素养的语文实践活动；是学生、教师、文本之间对话的过程；是学生在教师的组织、引导下，通过阅读实践，丰富语言积累，形成良好的语感，培养独立阅读能力的过程。它是语文教学的核心，是促进学生语文能力形成的重要环节。

阅读同阅读与鉴赏教学是两个既相互联系又有着严格区别的概念。阅读的目的是从书面语言中获取信息，阅读与鉴赏教学的目的主要是培养从书面语言中获取信息的能力，即理解书面语言的能力；阅读是一种个体活动，阅读与鉴赏教学则是在教师指导下的师生、生生之间的双向或多向交流活动；阅读的基本过程是借助语言文字了解语言文字所表达的内容，阅读与鉴赏教学并不以了解内容为终点，它还要求学生领悟一定的内容是怎样借助语言文字来表达的，从而提高理解语言和运用语言的能力。

一、 阅读与鉴赏教学的学段要求

目标是教学的出发点和归宿，目标是教学的指南，目标是评价的依据。教学必须在明确的目标引导下进行。

小学语文阅读与鉴赏教学的总目标：学会运用多种阅读方法，具有独立阅读能力；能阅读日常的书报杂志，初步鉴赏文学作品，能借助工具书阅读浅易的文言文；感受语言文字的美，感悟作品的思想内涵和艺术价值，能结合自己的经验，理解、欣赏和初步评价语言文字作品，丰富自己的情感体验和精神世界。

各学段具体要求参见《义务教育语文课程标准（2022 年版）》。

二、 阅读与鉴赏教学的理念

《义务教育语文课程标准（2022 年版）》更注重学生阅读能力的培养，弱化了给课文分段、归纳段落大意和主要内容的要求；更注重阅读过程中的学生情感态度和价值观的形成；更注重学生阅读学习时的过程和方法，关注学生的终身发展。

阅读与鉴赏的教学理念，是隶属于语文课程理念的一个概念。所以，阅读与鉴赏教学的理念应体现语文课程标准的基本精神。具体来说，应体现以下方面：

（一） 以读为本

《义务教育语文课程标准（2022 年版）》明确规定："语文阅读教学的主要任务是培养学生阅读能力和良好的阅读习惯。"因此，阅读与鉴赏教学要做到"以读为本"。

"以读为本"，就是要把读贯穿于课堂教学始终。让学生在课堂上通过朗读、默读、诵读等方式，把书读通、读连贯，朗朗上口，入情入境；使学生在读中识字、解词、析句、了解内容，在读中发现问题，大胆质疑，主动钻研，相互探讨，在读中积累方法。

（二） 注重语言积累， 培养语感

《义务教育语文课程标准（2022 年版）》在课程的基本理念、课程目标中都多次强调：指导学生正确地理解和运用祖国语言，丰富语言的积累，培

养良好的语感和整体把握能力；鼓励学生多通读，在诵读实践中增加积累、发展语感、加深体验与领悟。由此可见，语感的培养在语文教学中占有重要的地位。

语感是对语言文字的敏锐感知、迅速领悟和把握的能力。语感的形成是一个长期积累的过程，没有积累，谈不上培养良好的语感。

1. 要从阅读的数量入手

指导学生广泛阅读各种类型的读物，拓宽视野，不能只局限于课本上的几篇课文。只有大量阅读，才能自然而然地增强语感，提高对语言文字理解和领悟的能力，感悟语言文字在表情达意方面的奥妙。

2. 要善于积累各种语言材料，以培养语感

在阅读教学中指导学生使用积累的方法，在形式方面，可采用摘抄法、背诵法等；在内容方面，可积累自己喜欢的格言警句、优美词语、精彩句段等。

3. 要联系生活经验，丰富对语言文字的感悟力

语感的敏锐，不能单从语言文字上去揣摩，还应当把生活经验和语言文字联系起来，让学生真实地感悟到语言传情达意的妙处和规律。同时引导学生走进课文所涉及的社会生活中去，扩展人生阅历，让学生在感悟语言的同时，体验人生百味，感悟人生的意义，从而进一步提升学生的语言感悟能力。

（三）珍视学生独特的感受、体验和理解

语文课程具有丰富的人文内涵，它包含政治、思想、道德、价值观、文化、文学、美学等方面的内容；每一个学生都有自己独特的经验世界和情感世界，他们的知识基础、生活经历、情感体验、思维水平、认识风格各不相同。所以，不同学生对同一篇文章的反应必然带有鲜明的个性特点。个性化、情感性和创造性是学生学习语文的基本特征。阅读是学生的个性化行为，不应以教师的分析来代替学生的阅读实践，应让学生在主动积极的思维和情感活动中，加深理解和体验，有所感悟和思考，受到情感熏陶，获得思想启迪，享受审美乐趣。

我们要珍视学生独特的感受、体验和理解。教师要积极创造条件，营造氛围，促进学生进行自主学习，积极进行探究性阅读和创造性阅读，使学生有自己的发现，能获得自己的见解；同时，也要鼓励学生勇于以自己的方式表达自我独特的感受、体验和理解。珍视阅读过程中学生独特的感受、体验和理解，就要给予学生充分的时间读书、思考，使学生在读中整体感知，在

读中有所感悟，在读中培养语感，在读中受到情感的熏陶。

强调学生独特的感受、体验和理解，要注意不能片面追求学生的个性化感悟、体验和解读，而忽视了教师应有的引导和指导。学生有时候的个性化感悟和理解是无聊的，甚至是错误的，如果一味强调“尊重”和“珍视”，不加以正确的引导和指导，则不利于学生形成正确的人生态度、情感态度和价值观。如续编龟兔赛跑故事时，有位学生想出了让乌龟在第二次龟兔赛跑中再次获胜的办法：请一只小乌龟帮忙，在岔路口把路标转换方向，使兔子跑错路，到不了终点。对这种“创造性”思维，教师应从思想道德方面去进行正确的引导和纠正，否则，非但不能提高学生的阅读能力，还会使学生的价值观、人生观及情感态度走向歧路。

第二节　阅读与鉴赏教学的方法

一、阅读与鉴赏教学的要求

（一）构建师生平等对话的平台

阅读与鉴赏教学是学生、教师、教科书编者、文本之间的对话过程。这里的“对话”不是狭义的师生双方语言的交际，而是指师生双方基于相互尊重、信任和平等的立场，以文本为中介进行的平等的精神交流。

在阅读与鉴赏教学过程中，民主与平等是师生双方“对话”的第一法则。教师要改变“一言堂”的形象，不再以绝对真理的拥有者自居，而是把原本属于学生的主动权还给学生，构建平等对话的平台，努力使自己成为一个“抛砖者”、自由交流环境的创设者，以及学生学习的伙伴和密友。

（二）用心倾听学生的独特体验

阅读是学生的个性化行为。在阅读与鉴赏教学中，教师应引导学生钻研文本，在主动积极的思维和情感活动中，加深理解和体验、感悟和思考，要珍视学生独特的感受、体验和理解。教师应加强对学生阅读的指导、引领和点拨，但不应以教师的分析来代替学生的阅读实践，也不应以模式化的解读来代替学生的体验和思考；要善于通过合作学习来解决阅读中的问题，但也要防止用集体讨论来代替个人阅读。

“体验”是一个过程，它从亲历的实践开始，进而获得认识、形成情感，最后产生感悟，并且逐渐积累成最宝贵的精神财富，成为今后生命之旅的底蕴。每一篇作品都包含丰富的内容，每一个学生都有自己丰富的内心世界和独特的情感表达方式，教师应当予以理解和尊重。

（三）使阅读与鉴赏教学返璞归真

《义务教育语文课程标准（2022 年版）》提倡学生要“少做题，多读书”。但在阅读与鉴赏教学中依然不乏这样的问题：教师唯恐学生理解得不够透彻，而把大量的时间用在分析讲解上，将一篇文章分解得“支离破碎”，使得文质兼美的文章失去美感。要想解决这一问题，其根本途径就是把读书时间还给学生。在阅读教学中，教师要创造机会、创设情境，以多种方式引导学生充分地读书，读出声、读出意、读出味、读出情、读出神，读得如闻其声、如见其人、如临其境，从而陶冶自己的情操、增强自己的语感、提高自己的人文素养、培养自己爱美的情趣。

（四）实现对话的多元互动

在阅读与鉴赏教学中，教师是教的主体，学生是学的主体，而作为教学文本的教材，也是一种参与的主体。这就使阅读与鉴赏教学成为教师与学生、学生与学生、教师与教科书编者、学生与教科书编者、教师与文本、学生与文本，甚至还包括教师与教师之间互相联系、循环交替的多元互动的对话过程。教师必须树立对话观念，巧妙利用各种对话之间的关系，实现阅读对话过程的多元互动。

（五）发展学生的语文能力

长期以来，一些教师为了弘扬语文课程的人文功能，热衷于挖掘语文课程中的人文元素，并自觉或不自觉地把语文课上成思想品德课、人文社会课等。表面看，这似乎凸显了语文课程中的人文因素，其实却是削弱甚至掏空了语文课程本身应该承担的母语学习价值。民族语言是构成民族特征和精神的核心元素，它不仅是民族文化的结晶，还是民族文化的重要载体。语言学习是对学生进行民族认同教育的重要途径和手段。发展学生的语文能力，就是语文课程最重要的人文价值体现。如果语文课程不能让学生熟练地掌握祖国的语言文字，而是让学生热衷于语文之外的——所谓的“人文教育”，那么说严重些，这就是一种本末倒置的行为。

指导学生理解并感悟课文的思想内容是阅读与鉴赏教学的第一步。这一步虽然重要，但并不是阅读与鉴赏教学的主要任务，更不是阅读与鉴赏教学的全部任务。阅读与鉴赏教学的主要目标不是让学生理解课文的思想内容，而是借助课文学习来训练学生的语言文字运用能力。换一种说法，课文只是学生学习语文的例子或载体，提高并发展学生的语文能力才是阅读与鉴赏教学的目的所在。然而在实际教学中，不少教师将理解课文内容误当作阅读与鉴赏教学的主要目标，将教学载体误当作教学主要内容。

二、 不同文体课文的阅读与鉴赏教学

（一） 记叙文的教学

记叙文是以记叙、描写为基本表达方式，以记人、叙事、写景、状物为主要内容的一种文体，也是小学语文教材中选文数量最多的一种文体。小学语文教材中编排的叙事性文本主要包括故事、散文、小说等，这些文本内容各异、形式多样，但主要有四个鲜明特点：有趣的故事、曲折的情节、生动的形象、丰富的内涵。

在课堂教学中，教师可以引导学生围绕以下三个方面展开教学。

1. 把握主要内容，体会思想感情

（1）把握文章主要内容的方法。

引导学生把握文章的主要内容是阅读与鉴赏教学的重要目标。在阅读与鉴赏教学中，一般可以通过以下几种方法引导学生把握文章的主要内容。

①课题扩充法。题目是文章的眼睛，透过题目，我们往往能捕捉到很多课文信息。不少课文的题目，就是文章内容的高度概括，我们可以借助课题归纳这类文章的主要内容。首先要读懂题目字面上表达的意思，再根据课文内容把课题扩展成一句完整的话，在此基础上逐步进行丰富，使表达更加完整、全面。

在《草船借箭》一课的教学中，教师让学生读课文后，把课题扩展成一句话：诸葛亮利用草船向曹操“借”来了十万支箭。在此基础上，请学生补上借箭的起因，以及周瑜最初的态度，然后稍加整理，就能概括出课文的主要内容：周瑜妒忌诸葛亮的才干，要求他十天内改造十万支箭。诸葛亮利用草船向曹操“借”来了十万支箭，周瑜自叹不如。

②抓重点句法。小学语文课文经常采用总分总的结构方式，课文中有总起句或总结句概括课文主要内容时，只需要找到总起句或总结句即可。

《美丽的小兴安岭》一文就采用了总分总的结构方式。全文共有六个自然段。第一自然段总起，小兴安岭像绿色的海洋；中间四个自然段，按照

春、夏、秋、冬的季节顺序分述小兴安岭的树木特点；最后一个自然段总结全文，小兴安岭是一座美丽的大花园，也是一座巨大的宝库。概括主要内容时，只要抓住开头的总起句和末尾的总结句，就能概括出“我国东北小兴安岭一年四季景色美丽、物产丰富”。

③段意合并法。一篇文章通常是由几个段落组成的，可以引导学生用合并段落大意的方法概括文章主要内容。首先，理清文章脉络，写出每大段的意思。然后，根据文章内容分清主次。如果都是主要的，就把段意合并起来；如果有的主要，有的次要，则需要抓住主要的，舍掉次要的。合并时，要对各段的大意做适当修改，删除重复的内容，综合相同的内容。

《落花生》一文中，第一段讲的是“我们”种的花生收获了，第二段讲的是一家人坐在一起吃花生，第三段讲的是一家人议论花生，引出“人要做有用的人，不要做只讲体面而对别人没有好处的人”。把这三段的意思串联起来，就是这篇文章的主要内容了，即“我们种的花生收获了，在吃花生的过程当中，我们谈论花生的用处，明白了做人要做有用的人，不要做只讲体面而对别人没有好处的人”。

④六要素串联法。一篇写人、写事的文章，通常都有时间、地点、人物、起因、经过和结果六大基本要素。概括文章的主要内容时，只要引导学生明确这几个要素，再将其用词语串联起来即可。

《灰雀》这篇文章讲的是：一天，列宁发现每天在公园里白桦树上欢歌的三只灰雀突然少了一只，便问小男孩有没有看到。小男孩吞吞吐吐地回答，列宁猜到那只灰雀可能被小男孩捉去了。列宁通过巧妙的谈话，让小男孩意识到自己的错误，并主动放归了灰雀。从事情的开始到结束，故事内容非常顺畅。

（2）领会文章思想感情的方法。

文章的思想感情在语文教学中也被称为文章的中心思想。阅读文章时，要在理解主要内容的基础上努力揣摩作者的写作意图、领会文章的思想感情，进而加深对文章思想内容的理解。体会文章的思想感情是语文阅读与鉴赏教学的重要内容，可以帮助学生更深刻地理解课文的思想内容，进而养成良好的阅读习惯；还可以培养学生的分析能力、概括能力，提升思维能力；学生在体会文章思想感情的同时，亦可以获得思想教育、道德启示或情感熏陶，进而提升人文素养。

但是，由于小学生年龄小、阅历有限，对生活的认识比较肤浅，加之抽象思维能力尚未充分发展，认识事物有较大的局限性，因此体会思想感情是小学语文阅读与鉴赏教学的一个难点。在教学中，教师可以通过以下几种方式，引导学生领会文章的思想感情。

①抓住主要事件，领会文章的思想感情。先让学生理解、把握文中的主要事件和内容，再让其从主要事件和内容中体会作者表达的思想感情。教学《我的伯父鲁迅先生》这篇课文时，教师先让学生理清课文中记叙了鲁迅的哪几件事：趣谈《水浒传》、笑谈“碰壁”、喜放烟花、救助车夫、关心女佣；再让学生从主要事件中体会作者写这篇文章的目的——表现了鲁迅先生读书一丝不苟，同情和关怀劳动人民的特征，赞扬了鲁迅“为自己想得少，为别人想得多”的优秀品质，同时又表达了作者对鲁迅的无比怀念、热爱与敬仰之情。

②抓关键语句，领会文章的思想感情。有些课文，在开头、中间或结尾处有一些关键语句，抓住这些关键语句，就能很快领会文章的思想感情。《乡下人家》的结尾“乡下人家，不论什么时候，不论什么季节，都有一道独特、迷人的风景”，这句话是本文的中心句，说明课文介绍的是乡下人家独特、迷人的风景。同时，从这句话中可以感受到，本文表达的是作者对乡下人家的喜爱和赞美。

③抓关键段落，领会文章的思想感情。找到文章的关键段落，然后回答为什么要写这些内容，从而领会文章的思想感情。《冀中的地道战》一文对冀中地道战出现的原因、地道的式样及特点等方面进行了介绍和说明，并对冀中地道战作了高度评价，热情颂扬了人民群众的无穷智慧和顽强的斗志。

④抓课文题目，领会文章的思想感情。文章的题目往往是点睛之笔，有时就是文章的思想感情。《慈母情深》课文题目就透露了文章的思想感情。

2. *分析人物形象，感受人物思想品质*

（1）通过分析事件来体察人物特点。

写人的文章通常都离不开事件。通过分析事件来分析人物，是一个行之有效的办法。《搭石》一文围绕搭石写了这样一些事：上了点年岁的人，只要发现哪块搭石不稳，就找来合适的石头搭上，可简析为修搭石；一行人走搭石的时候，协调有序，踢踏的声音像轻快的音乐，清波人影，像一幅美丽的画，可总结为走搭石；两个人面对面走过来，总要招手示意，等对方过了河，说上几句家常话，才相背而行，可总结为让路；老人和年轻人共走搭石，年轻人背老人过去，可总结为背老人过搭石。这四件事表现了家乡人淳朴善良、助人为乐的美好品质及亲善友好、和谐相处的人伦关系，构成了家乡一道美丽的风景。

（2）通过分析环境、情景来理解人物。

一些事总是在一定的环境或情景中做出的，分析人物所处的环境或情景，有助于理解人物的思想品质和精神风貌。《父爱之舟》是一篇感人至深的文章。文章主要写了七个场景：父亲喂蚕卖茧子，给“我”买枇杷；花钱住客栈，看到“我”被臭虫咬，执意换好一点的房间；赶庙会，父亲买热豆腐脑给“我”吃，给“我”做万花筒；雨雪天，父亲背“我”去上学；父亲送“我”去鹅山高小上学；父亲送“我”去无锡报考师范；父亲送“我”去无锡师范上学。看似平淡无奇的场景，却小中见大，疏密有致地刻画了慈父的形象，表现了父爱之伟大与深沉。

（3）通过分析细节，体会人物内在的思想感情。

一篇文章中给人以深刻印象的，往往是具体生动、真实感人的细节，这些细节往往透露着人物内在的思想感情。《慈母情深》一文对母亲的外貌、动作、语言进行了描写，集中体现了“慈母情深”，同时反映了“我”当时的感受、体验，表达出“我”对母亲的爱。

①看见一个极其瘦弱的脊背弯曲着，头凑到缝纫机板上——瘦弱的母亲。

②母亲掏衣兜，掏出一卷揉得皱皱的毛票，用皲裂的手指数着——贫苦的母亲。

③母亲说完，立刻又坐了下去，立刻又弯曲了背，立刻又将头俯在缝纫机板上了，立刻又陷入手脚并用的机械忙碌状态——辛劳的母亲。

④“谁叫我们是当妈的呀！我挺高兴他爱看书的！”——通情达理的母亲。

这些细节描写，体现了母亲对孩子深深的爱，表达了“我”对母亲的赞扬、感激和热爱。

（4）和文章主旨结合起来理解人物。

写人物的根本目的是表达文章的主旨，也就是作者的思想感情。因此，和主旨结合起来理解文章中的人物，也是一个很好的办法。课文《猎人海力布》写了海力布的两件事：一是海力布因为救小白蛇而得到了能听懂动物语言的宝石；二是海力布把听到的可怕消息说出来，救了乡亲们，自己永远变成了石头。文中海力布在决定帮助乡亲们之前有这样的心理活动：海力布知道着急也没有用，不把为什么要搬家说清楚，大家是不会相信的，再一迟延，灾难就要夺去乡亲们的生命，要救乡亲们，只有牺牲自己。牺牲自己救乡亲——舍己为人，这显然就是文章的主旨。这段描写将海力布在危难关头决心牺牲自己、保护乡亲们的品质，充分地、十分真切地表现了出来。

（5）对比喻句、以物喻人手法的分析，有助于学生理解人物。

以物喻人就是借某一事物的特点来描写人的品格。《梅花魂》一课以

“梅花”为线索。“梅花魂”中的“魂”指的是“精神”。“梅花魂”，即梅花的精神。梅花的精神就是：不管历尽多少磨难，不管受到怎样的欺凌，从来都是顶天立地，不肯低头折节。“梅花魂”表面上指的是梅花不畏冰雪、凌寒盛开的精神，实际上作者借物喻人，象征海外华侨漂泊在外、热爱祖国的赤子情怀。

（6）对比——理解人物形象的又一个重要视角。

对比是塑造人物形象的重要方法之一。运用对比来理解人物形象，能够使学生对人物形象的印象比较具体、鲜明，感悟也会比较深刻。

人是变化着的，作者的思想感情也是变化着的。《母鸡》一文写的就是这种变化。作者开篇就写他一向讨厌母鸡，然后列举了种种讨厌母鸡的理由。然而，当母鸡做了母亲，作者观察到：鸡雏们吃得饱饱的，小肚子像个汤圆，母鸡自己却消瘦了许多。这使得作者不禁对母鸡产生敬意。作者写道：“我不敢再讨厌母鸡了。”这“不敢”中，针对的是母鸡吗？不，是对母爱的一种崇敬和赞美之情！前面讨厌，后面崇敬，这种对比能让学生体悟到作者的心理变化，理解作者所表达的思想感情，能够使学生的感悟更加深刻。

课堂演练：选取几篇小学语文教材中的叙事类文章，对照所学知识点，做人物形象分析的练习。

3. 读写迁移，活化积累

小学语文教材中的文章都是经过精心挑选的，其内容丰富多彩，词句表达优美流畅，描写手法生动活泼，十分贴近小学生的年龄个性和心理特征。教师在阅读教学过程中，应当积极引导学生细细品味教材中的课文，深刻领会其字里行间包含的丰富寓意，分析和揣摩作者的表达用意，学习和模仿其中的写作手法、表达方式等，以提高写作能力。在《荷花》一文中，有一些句子写得十分巧妙，如“白荷花在这些大圆盘之间冒出来”。教师可以引导学生深刻领会句子中“大圆盘”和“冒”字的巧妙用处。文章作者将荷叶比喻为绿色的大圆盘，并用“冒”字生动地描写荷花努力地从层层叠叠、挤挤挨挨的荷叶中长出来，寓意了荷花美丽的绽放背后需要顽强生命力的支撑。然后，举例说明此类写法的好处，如“雨停了，太阳从乌云背后露出脸来”，并安排学生练习造句，提高学生运用字词组句子的能力，逐渐培养学生的基本写作能力。

对于文本的解读与学习，其终极目的并不只是在于形成知识积累，更在于是否能够将所学知识进行内化、活化，使能力有所提高。在阅读教学中，教师要灵活、巧妙地渗透写作知识，引导学生进行写法迁移。

（二）说明文的教学

说明文是以说明为主要表达方式，通过解释事物、阐明事理而传授知识的文章。与其他文体相比，说明文更贴近生活实际，具有广泛的应用价值。它不但可以让学生获得科学知识，还能培养学生的观察能力、信息筛选能力、逻辑思维能力等，同时还有助于增强学生的科学素养，帮助学生形成科学态度。

1. 在揣摩说明方法中品表达之味

以说明为主是说明文区别于其他文体的标志。小学课文中常见的说明方法有下定义、举例子、列数字、打比方、作比较等。在说明文教学中，教师应引导学生关注文中的语言表达，揣摩作者运用的说明方法，了解不同说明方法的作用，进而把握说明文的语言特点。例如，课文《只有一个地球》的第一自然段运用了打比方的说明方法来介绍地球的美丽壮观。“……映入眼帘的是一个晶莹的球体，上面蓝色和白色的纹痕相互交错，周围裹着一层薄薄的水蓝色‘纱衣’。”在教学中，教师常常会引导学生对句子中修饰性的词语“晶莹、蓝色、白色、水蓝色”等进行赏析，并把问题集中在“把什么比作什么”的品析上，未能就打比方的独特表达效果做深入解读，而这恰恰是教学的重点——分析说明方法的作用。作者为何把“大气层”比作“纱衣”，而不比作其他事物呢？通过比较分析，学生自然会感受到“纱衣”相较于其他事物的特质：朦胧、若隐若现、轻盈。通过讨论辨析，学生认识到“纱衣”通常披在美丽的女子身上，这让人不由自主地联想到我们的地球就如同美丽的女子一般。

2. 在梳理篇章结构中明表达之道

梳理篇章结构，能够了解作者的写作思路，整体把握全文，形成认知上的共鸣。这有助于训练学生的逻辑思维能力，对于培养学生的有序表达能力也大有裨益。理清一篇说明文的篇章结构，可以从以下两个方面进行：第一，从题目入手。题目是文章的眼睛，小学教材中说明文的文题，不少是直接表明说明对象或说明范围的，如《松鼠》《太阳》等。理解了题目，知道文章是围绕什么说明对象来展开的，就为分析文章结构做了很好的铺垫。第二，从内容入手。明确作者是从哪些方面介绍说明对象的，其具体特点、功能是什么等。教师可让学生通过圈点勾画、列提纲、画图表等多种方式，提取与整合文本关键信息，在头脑中形成对说明对象的整体印象。

在关注要点的同时，还要理清结构层次，即作者是如何将要点有序地表达出来的。一般来说，说明文的写作结构主要有并列式、连贯式、递进式及总分式几种。《太阳》一文采用了列数字、打比方、作比较、举例子等说明方法，介绍了和太阳相关的一些知识：太阳离地球有多远，它有多大，温度有多高；说明太阳与人类有着密切的关系。全文分为两大部分，第一部分介绍太阳的特点，第二部分说明太阳与人类的密切关系。在教学过程中，教师要有意识地引导学生通过文字梳理，把握说明文的内在逻辑结构，感受作者谋篇布局的奥妙，让学生在学习作者构思方式的同时，切实在归纳、概括、分析、比较等逻辑思维训练中锻炼并提升自身的思维能力，明晰文本表达之道。

3．在品味语言特色中分析表达之效

（1）探究用词的准确性。

说明文介绍的知识，有的来源于科学研究资料，有的来源于亲身实践过程，还有的来源于调查、访问后的汇总与报告。总之，都具有严格的科学性。其体现在语言上，就是以用词的准确性体现此类文本特有的严谨的科学态度。

（2）咀嚼语言的生动之处。

叶圣陶先生在《文章例话》中说："说明文不一定就是板起面孔来说话，说明文未尝不可带点风趣。"说明文平实的说明中不乏生动的语言表达。

例如，《只有一个地球》一文多处采用打比方、作比较、举例子等说明方法，体现了科学小品文语言的生动形象性。"映入眼帘的是一个晶莹的球体，上面蓝色和白色的纹痕相互交错，周围裹着一层薄薄的水蓝色'纱衣'。""地球，这位人类的母亲，这个生命的摇篮，是那样的美丽壮观，和蔼可亲。""它是一个半径只有六千三百多万千米的星球。在群星璀璨的宇宙中，地球就像一叶扁舟。""但是，同茫茫宇宙相比，地球是渺小的。""拿矿物资源来说，它不是上帝的恩赐，而是经过几百万年，甚至几亿年的地质变化才形成的。""不错，科学家们提出了许多设想，例如，在火星或者月球上建造移民基地。"

学生在有滋有味的文字咀嚼中深刻地感受到，说明文的语言同样可以鲜活有趣，从中品尝到语言表达的魅力，同时获得学习的愉悦感，激发对科学的兴趣和热爱之情。

4．在训练迁移运用中悟表达之法

教师应借助优秀的课例，提炼出语言运用的规律，引导学生深入领悟并内化文本表达特点，在生活化的情境中加以迁移运用，逐渐形成语言能力。

（三）童话的教学

童话是儿童文学的一种样式，是在现实生活的基础上，用符合儿童想象力的奇妙情节编织成的一种富于幻想色彩的虚构故事。幻想、想象和夸张是童话的基本特征。在小学，尤其是低年级的语文课文中，童话占了较大的比例。教师在童话教学中，应遵循童话本身的特征，采用多样化的教学方式，让学生充分感受到童话的魅力。

1．理解童心，转变童话题材课文解读视角

童话教学中，教师对童话的文本解读能力，决定童话教学的效果。要解读童话文本，需要教师站在童心的角度去理解、讲解文本主题。童话所蕴含的主题能够帮助学生认识世界，与外界进行交流，并在未来的人生中逐步淬炼成个人发展的价值主题。教师不论面对哪种难易程度的童话文本，都要注重解读其本质内涵，进而明确教学目标，使童话课程能够真正走进学生的心中。同时，要使童话学习与学生生活经验有效对接，就要在教学过程中，以童心去理解童话文本，进而引导学生将知识内化。

2．朗读童话，培养小学生的阅读兴趣

小学语文课本中的童话故事不仅有动人的情节、优美的语言，还拥有众多生动、活泼、有趣的人物形象。有感情地朗读课文可以把孩子们带进美妙的童话世界，感受童话中的艺术形象。

在童话教学中，教师不要急着给学生讲解童话的主要内容或分析人物形象，而是要先以一个学生的身份，用学生的眼光与心理，引导学生反复朗读童话，细细体味。等学生充分熟悉文本之后，教师再以富有学生色彩的语调，生动形象、充满感情地为学生范读。这样不仅能帮助学生疏通语言障碍，更能感染学生，激发学生的兴趣和想象力。接着，教师再指导学生去朗读，读的时间要充分、目的和要求要明确、层次要由浅入深、形式要多样化，如自由读、齐读、指名读、分角色读、默读、配乐读、表演读等，交叉进行。同时，教师还要加强对停顿、语气、感情等朗读技巧的指导，指导学生读得抑扬顿挫、读得声情并茂。

3．讲述童话，锻炼语言表达能力

童话的叙事具有独特性，教师只需引导学生发现这个特点，就能让学生以此快速记住童话故事。童话常用的写作结构有反复、对比、循环、巧合等，在小学语文课本中出现最多的是反复结构的童话。

以教学《蜘蛛开店》这一童话为例，在指导学生充分熟记第一段故事后，教师可引导学生将后面的故事与第一段故事进行比较，得出结论：故事结构相同，只是顾客的名称、货品的名称等换了换。这就是在教学中发现童话反复结构这一叙事特点，然后教师可以引导学生借助这一特点快速记住童话。

在记住故事的基础上，要想让学生把故事讲得生动有趣，教师还需教会学生讲故事的技巧。在讲故事之前，教师要充分指导学生读故事，重点引导学生在读的过程中揣摩角色的心理情感，从而读好角色对话。另外，教师还要引导学生在讲故事的时候大胆想象，适当辅以动作、表情，甚至可以对故事中没有进行详细描述的情节加以想象。

4. 表演童话，深刻感知童话意境

童话能讲，更能演。儿童在表演故事的过程中，会把自己代入故事的角色中，非常直观地体会故事的人物形象及童话想象的神奇。这对于儿童理解童话、感受童话的文学价值具有重要意义。同时，表演这种教学方式也非常适合童话教学及儿童的年龄特点。

演故事和讲故事一样，都需要在充分朗读和理解故事的前提下进行。但演故事比讲故事的要求更高，需要考虑场景、道具、音乐、角色等如何设置。讲故事一般适合在低年级进行，而演故事则适合在中年级进行。

5. 编写童话，培养写作能力

童话故事是具有独特的叙事特点的，小学语文课本中选用的童话故事大多是反复结构的童话故事，而且反复的次数一般都是三次，这样的写法也叫“三段式叙述方法”。

在童话教学中，教师可以通过揭示童话写作结构的这一特点，教学生学会编写童话故事。以《风娃娃》为例，教师可先引导学生发现文中风娃娃“吹动风车”“吹动大船”“吹跑风筝”三件事，都是按照风娃娃来到哪里、看见什么、怎么做的、结果怎样的顺序来写的。但是，反复并非简单重复，而是需要对场景、对象、行为等进行改变。而“借助提示，复述课文”是本课的重点，教学时要引导学生抓住主线：风娃娃来到哪里——看见什么——怎么做的——结果怎样，来开展学习活动，为复述打好基础。

经过这样的引导，学生基本上对童话故事的反复结构就有了一定的认识。接下来，就可以让学生仿照课文的写作方法改写或续写童话故事。通过仿写，学生对童话故事反复结构的印象进一步加深。

6. 解读童话，自主感悟作品内涵

童话面对的对象主要是少年儿童，其语言具有明白易懂、通俗浅显的特点。教师在开展童话教学时，要注意避免用自己的认识标准来评判童话中的人物及事件，或者对童话做太多的议论及理性的分析。教师必须站在学生的立场与角度来解读童话，陪伴学生逐渐走进童话的世界，和学生一起来分享童话故事中的喜怒哀乐。此外，在童话教学中，还要注意处理好虚构与真实、幻想与现实的关系。通常童话故事都是虚构出来的，可它却能够反映现实社会生活的真实状况。

《小猴子下山》这则童话是作者虚构出来的，可是它主要依据的是现实生活中小孩子具有兴趣无常、顾此失彼及办事有始无终等特点的客观现象。在《卖火柴的小女孩》这则童话中，小女孩曾经五次擦燃了火柴，并且这五次均出现了幻象。虽然这些情节是虚构出来的，可是在资本主义背景下，穷孩子挨饿受冻甚至冻死饿死的现象是真实存在的。在童话教学中，要使学生更好地体会其内涵，受到鼓舞与启发，就必须把童话的思想和内容与现实社会积极联系起来。

思考探究：结合具体篇目，谈一谈在童话教学中应如何把童话的思想内容与社会现实联系起来。

（四）诗歌的教学

一般来说，诗歌主要有三个显著特点：第一，感情强烈，想象丰富；第二，语言精练，篇幅短小，集中反映社会生活；第三，节奏鲜明，音韵和谐。小学诗歌教学应从诗歌自身的特点出发，在朗读和背诵的基础上，品味和把握诗歌的韵味与意境。

1. 古诗的教学

古诗是我国古典文学中的瑰宝，是我国传统文化的精粹。小学古诗词教学对于小学生认识中华文化的丰厚博大，吸收民族文化智慧，提高文化品位和审美情趣，培养热爱祖国语言文字的情感，丰富精神世界都有着举足轻重的意义。古诗的教学方法主要有以下几种。

（1）反复吟咏，熟读成诵。

首先，教师要指导学生用正确、流利的普通话在熟读的基础上划分音步（表现诗歌节奏的音组，也称顿），教学生读出诗的节奏、重音、停顿等。

如七言绝句《望天门山》（统编版三年级上册第六单元）[①]：

天门/中断/楚江/开，碧水/东流/至此/回。
两岸/青山/相对/出，孤帆/一片/日边/来。

其次，教师要指导学生读出古诗的韵律美和抑扬美。汉语音韵的基础在

① 王梅，岳强，张宝利. 小学语文课程与教学［M］. 北京：中国言实出版社，2023：157.

于“四声”和“平仄”两方面，它们的运用表现了语音轻重、高低、长短、起伏的声律变化。全国著名特级教师窦桂梅在教学古诗时，根据古代格律诗讲究平仄的特点，总结出“平长仄短”的平仄朗读法：一声字、二声字基本可以归为平声字，三声字、四声字大多可以归为仄声字。平声字可以读得声音长一些，仄声字可以读得短促一些。指导学生朗读时，教师可以辅以手势，引导学生根据“平长仄短”的规律读出诗的韵律美和抑扬美。

最后，根据诗的风格，指导学生通过朗读来把握诗的情感基调：欢快活泼、婉转舒缓、凝重沉郁、高亢激昂等。

（2）创设情境，引发情感共鸣。

古诗语言凝练、意存高远，有时学生理解起来有一定的困难。这就需要教师根据诗文内涵创设情境，把学生带到作品的艺术境界中去，使学生如见其人、如闻其声、如临其境，与诗人的情感产生强烈的共鸣。

此外，每一首诗的产生都有其特定的背景，还有诗人独特的情感体验。如果学生不知背景，不知诗人的经历，就很难正确领会诗人的情感。因此，在教学中，教师不妨用故事的形式讲述古诗产生的背景及诗人作诗时的心情，为学生理解古诗内容创设一个想象的情境，启发学生体会诗人的情感。

（3）课外延伸，增添兴趣。

小学生年龄较小，抽象思维还不成熟，重感性、轻理性的特点较为明显。在古诗教学中，教师可以利用这一特点，多运用类似游戏性质的活动来激发学生的兴趣。课堂上，教师可以灵活采用演小品、编故事、打擂台、改原作、拼字词、绘画等手段，掀起教学小高潮，让学生在轻松愉快的氛围中学习古诗，并获得向课外延伸的教学效果。

（4）借助多媒体的使用进入意境。

多媒体课件集文字、声音、图形、图像、动画、视频于一体，易于表现诗歌的意境。

《题西林壁》中“横看成岭侧成峰，远近高低各不同”一句意思的是：庐山从正面看是雄伟奇特的大岭，从侧面看又成了高挺峻峭的山峰，无论是远看、近看、高处看、低处看，庐山的模样都是不同的。尽管学生明白文中的意思，但凭有限的经验难以想象这种景象，也很难体会诗人的情怀，理解诗中的哲理。对此，教师可以借助多媒体课件逐一出示庐山的正面图、侧面图、远景图、近景图、高空俯视图、山脚仰视图等。这样不仅能够让学生领略庐山千变万化的美景，更能够帮助学生领悟“远近高低各不同”的深刻含义。然后，再让学生想象：如果你身在庐山中，能看到庐山千变万化的姿态吗？这是为什么呢？多媒体演示：诗人渐渐走近庐山，边登庐山，边环顾左右，却只看到山石丛林，不由慨叹“不识庐山真面目，只缘身在此山中”。接着开展讨论：怎样才能看清庐山真面目呢？从而揭示更深刻的道理：看事物不能光看表面，要多方面、多角度地观察。

（5）建立开放平台，提高学习效率。

“建设开放的语文学习空间”是语文教学的基本理念之一。在古诗教学中，教师要善于选取与教学内容相关的文本资料，不同文本相互作用，为学生创建一种全新的、开放的空间。紧扣主题、向外辐射的阅读方式可以把不同文本联结、组合在一起，使它们之间产生一种立体的和谐效果，帮助学生举一反三地进行阅读理解。在教学《枫桥夜泊》时，教师可以“枫桥”“寒山寺”为主题，拓展阅读清代王士祯的《夜雨题寒山寺寄西樵、礼吉》、明代高启的《泊枫桥》、宋代陆游的《宿枫桥》，以及现代陈小奇作词作曲的《涛声依旧》。通过比较，学生意识到：同是枫桥、寒山寺，不同的词人从各自不同的人生阅历和时代背景出发，表达了自己独特的情感倾向。

（6）学以致用——在生活中表达美。

学以致用，应是古诗教学的延续。教师可以引导学生将诗歌应用于作文，让学生的作文焕发出一种古典与现代相结合的诗性美。教师还可以开展诵诗活动，如国庆节让学生搜集、抄录以爱国主义为主题的诗歌，举办“爱我中华，卫我国土”的诗歌朗诵会，帮助学生树立热爱祖国、报效祖国的坚定信念。

2. 现代儿童诗的教学

现代儿童诗是指以儿童为对象，适合儿童欣赏、吟诵、阅读的诗歌。其通常使用富于感情、凝练、有韵律的语言来表情达意，具有富含童心童趣、充满想象力、构思新颖巧妙、语言天真而精粹、意境童稚而优美等特点。

教学时，教师既要关注现代儿童诗所具有的语文性，又要和学生一起探讨儿童诗直率明朗的抒情性、流畅而优美的音乐性、参差不齐的格式美、天真活泼的趣味性，帮助学生丰富词汇、陶冶情操、开发智力、培养能力。

（1）创设情境，寓教于乐。

在儿童诗教学中，教师可以创设丰富多彩的教学情境，通过加强学生的课堂参与性，激发学生的学习兴趣。

①游戏法。教学《拍手歌》时，教师可以让学生在同桌之间、前后桌之间一边拍手玩乐，一边说歌词。在欢快的游戏中，学生不知不觉就能够记住《拍手歌》的内容了。

②表演法。教学《四季》时，教师可以组织学生进行情景表演，分别让学生扮演草芽、小鸟、荷叶、青蛙、谷穗、雪人等艺术形象，变课堂为舞

台，让学生通过动作、神情和语言的表演直观地展现这些形象。这有利于激发学生进行艺术的再创造，使他们对作品的理解达到一个更高的层次。

③猜谜法。教师可以用猜谜的方法，激发学生学习兴趣，引出教学主题。猜谜法有利于启迪学生的智慧，引发他们的联想，锻炼其思辨能力，同时还能满足学生的好奇心和好胜心。

（2）诵读中感悟诗歌的内涵。

通过对儿童诗的初步朗读，学生对文章会有初步的理解，然而要使这份理解更加深入，必须做到细读、深读，并在朗读中将自身的情感与作者的情感形成共鸣，从而理解课文的思想感情。在教学中，《植物妈妈有办法》一文用生动的语言及有趣的内容深深吸引着学生，教师可以引导学生在朗读中利用语调及节奏的快慢将诗歌中的美感充分展现出来，并且让学生深入思考：植物妈妈是怎样让自己的孩子去旅行的呢？文中主要有哪几位聪明的植物妈妈？这样，学生在朗读中，结合自身的深入思考，就会了解到大自然的神奇，其朗读兴趣得到激发，自身的情感体验也将得到加强。

在小学语文儿童诗朗读教学中，教师要明确朗读目标，加强情感体验，激发学生的朗读热情，从而让学生在朗读中加深对课文知识的理解。

（3）借助多媒体突破难点。

低年级学生的理解能力有限，对一些抽象词句难以理解，这会阻碍他们对文本整体的理解和把握。在教学时，教师可以借助形象生动的多媒体课件来突破这个难点。

教学《祖先的摇篮》时，教师可以先通过多媒体课件呈现“原始森林”，让学生充分感受原始森林的神秘、美丽，激发学生的兴趣，为理解“苍苍茫茫的原始森林，我们祖先的摇篮”奠定基础。在教学过程中，采用多媒体呈现“野果、鹊蛋、野兔、蘑菇、小松鼠、野蔷薇、红蜻蜓、绿蝈蝈”的形象，当学生对它们有了直观的了解后，便能理解祖先在苍苍茫茫的原始森林里摘野果、掏鹊蛋、和野兔赛跑、看蘑菇打伞、逗小松鼠、采野蔷薇、捉红蜻蜓、逮绿蝈蝈的活动，进而更好地感受美好和遥远的回忆。

（五）寓言的教学

“寓”是寄托的意思，“言”就是话语。“寓言”就是把深刻的道理和教训寄托在简短、生动的故事里，让人从中获得一定的启发。

寓言教学可以分为两部分：言和意。言，即文本的语言；意，即文本的内涵。寓言教学既要得言，也要得意。言和意应该是和谐相生、互相促进的。在教学中，为达到言意共生的境界，可以采用以下教学策略。

1. 明确寓言教学的重点、难点

开展寓言教学，首先应注意教学的重点、难点。一般而言，寓言教学的重点是引导学生在理解故事内容的基础上体会寓意，并能联系学习和生活实际谈感想。其教学难点在于小学生不易分清故事和含义。因为寓言讽刺的真正对象不是文本中本来的形象，而是现实生活中的某些人和事。

2. 引导学生感受寓言的形象

（1）指导朗读，感知形象。

寓言不像诗歌那样富于音乐性，也不像童话那样有比较复杂的情节，而是情节简单的小故事。朗读寓言时，应该用日常讲故事的口吻，要求语调轻松、柔和、幽默而带讽刺意味。组织学生分角色朗读，是朗读寓言最好的方法。在朗读过程中，教师要指导学生抓住寓言中各个形象的特点，例如在《狐假虎威》中，抓住狐狸的狡猾、老虎的愚昧等，这样才能加强学生对形象的理解。

（2）抓住语言，体会形象。

和其他文体一样，寓言中的形象也是用丰富的语言来描绘的。在《纪昌学射》这则寓言中，描写纪昌练眼力的句子有“妻子织布的时候，他躺在织布机下面，睁大眼睛，死死盯住织布机的踏板”“他用一根牛尾毛拴住一只虱子，把它吊在窗口。然后每天站在虱子旁边，聚精会神地盯着它”。教师可以引导学生，通过抓住文中描写纪昌练眼力时的动作——“盯”“聚精会神”，来感知纪昌这个人物的形象。

3. 帮助学生领悟寓言的寓意

寓言教学以学生读懂故事为表、理解寓意为里、联系实际为真。揭示寓意的过程就是把寓言中的形象转移到现实生活中的过程，教师可以从以下几个方面引导学生揭示寓意。

（1）分析人物语言。在《陶罐与铁罐》这篇寓言故事中，通过对话展现情节、推动故事发展、塑造人物形象是其表达上的特点，铁罐的傲慢、蛮横无理和陶罐的谦虚、友善、克制均充分体现在人物的对话中。教学中教师可通过引导学生细读人物的对话来分析人物特点。

“你敢碰我吗，陶罐子！”铁罐傲慢地问。

“不敢，铁罐兄弟。”陶罐谦虚地回答。

“我就知道你不敢，懦弱的东西！”铁罐说，带着更加轻蔑的神气。

“我确实不敢碰你，但并不是懦弱。”陶罐争辩说，“我们生来就是盛东西的，并不是来互相碰撞的。说到盛东西我不见得就比你差。再说……”

“住嘴！”铁罐恼怒了，“你怎么敢和我相提并论！你等着吧，要不了几天，你就会破成碎片，我却永远在这里什么也不怕。”

……

“谢谢你们！”陶罐兴奋地说，“我的兄弟铁罐就在我旁边，请你们把它也掘出来吧，它一定闷得不行了。”

通过分析这些描写人物语言和神态的句子，尤其是其中的关键词，如“傲慢”“谦虚”“懦弱”“轻蔑”“恼怒”“兴奋”等，体会人物性格的不同，理解其中蕴含的道理。

（2）研读故事情节。故事情节好比一根“线”，教师应引导学生沿着这条线顺藤摸瓜，自己悟出其中的“理”。《扁鹊治病》这篇故事，情节线索为扁鹊的“拜见、又拜见、再拜见、远望掉头跑”，相对应的是蔡桓公的“不相信、很不高兴、非常不高兴、奇怪”，但这都是故事情节中的明线，从这里是看不到深层的寓意的。那么在蔡桓公的“不相信、很不高兴、非常不高兴、奇怪”的背后所隐藏的是什么呢？教师可启发学生分析得出“讥讽、反感、厌烦、请”这条看不见的线。在这条线上，我们看到了蔡桓公的霸气、傲气和对扁鹊的藐视，以及在最后病入膏肓时的恐惧。只有认识到这一点，才能得出“不虚心、不诚恳、不耐心接受别人的意见，就会产生不良后果，直至后悔莫及”这样的道理。

（3）分析关键性的语句。《池子与河流》是一首寓言诗，通过池子与河流之间的对话，表达它们对生活、对人生不同的态度。在教学过程中，教师可引导学生抓住文中的关键语句来分析人物的性格特点及文章的寓意，如体现池子生活态度的词语有“安闲”“清闲”“无忧无虑”，体现河流人生态度的语句有“滚滚滔滔”“水要流动才能保持清洁”“不顾自身的安逸”“用源源不断的清洁的水，年年给人们带来利益”“永远奔流不息”等。通过重点分析“长流不断”“完全枯干”来体会两种人生态度导致的完全不同的结局。尤其是引导学生重点理解文本最后一小节——“才能不利用就要衰退，它会逐渐磨灭；才能一旦让懒惰支配，它就一无所为”。通过对这一小节诗歌意思的理解，教师适时引导学生得出“才能在于不断利用，才能只有在勤劳奋斗及乐于奉献的过程中才不会磨灭”的寓意，进而让学生领悟到不要贪图安逸、虚度年华，应当为社会多作贡献，为自己的生命增添光彩的道理。

4. 根据寓意的特点，进行思维训练

很多寓言故事所蕴含的寓意往往是多方面的。因此，教师在教学中应引导学生多角度、多层次地鉴赏寓言故事，从多方面思考寓言故事的寓意，提高学生的创造性思维能力。

其一，利用寓言寓意的多层次性，培养学生的抽象思维。《守株待兔》

一文的表层寓意是讽刺那些不想经过艰苦努力而企图侥幸获得成功的人，中层寓意是嘲笑那些“欲以先王之政，治当世之民”的政治上的保守派，深层寓意是告诫人们认识偶然性与必然性的关系。对于小学生来说，表层寓意并不难理解，但理解深层寓意就相当困难。教师应当设法引导学生由形象思维上升到抽象思维，由经验思维上升到理论思维，让学生在长期的训练中养成深入思考的好习惯。

其二，利用寓言寓意的多面性，培养学生的发散思维。例如，《狐假虎威》一文，不仅嘲笑了狐狸的狡猾，还讽刺了老虎的愚昧。教学这类寓言时，教师要引导学生打开思路，多角度、多途径地分析问题、联系生活、揭示真理。

（六）文言文的教学

小学语文教材中的文言文，总体而言都是短小精悍且文质兼美的名篇，在简单的故事中往往蕴含着丰富的哲理。学好文言文不仅可以继承和发扬中华民族源远流长的优秀传统文化，还可以陶冶学生情操，提高学生的审美情趣。但是，文言文与现代白话文在词义和语法上有着很大的差别，这对于初次接触文言文的小学生来说，不仅难读，而且难懂。在教学过程中，教师可以采用以下教学方法。

1．培养学生学习文言文的兴趣

兴趣是激发潜能的动力。教师要充分利用文言文里丰富的知识、优美的景物、动人的故事，通过办手抄报、开故事会、演课本剧等多种形式激发学生学习文言文的兴趣。例如，在教学《学羿》一课时，教师可以让学生自己动笔画一画小连环画，并配以简单文字，进行说明。

2．通读课文，读中自悟

在教学时，教师可先范读课文，并对学生提出以下倾听要求：注意老师范读时的停顿、重音、语气、节奏，并在书上做好记号。再领读课文，让学生读准字音，知道如何断句、停顿，读出句子的语气。然后，让学生初步通读文言文，练习把语句读顺、读流畅，并在读的过程中找出生字、新词，初步感知文言文的内容。这样，学生就会对课文有一个总的认识，为之后理解文言文奠定了一定的知识基础。

3．划出节奏，初步理解

文言文与白话文在语言形式与叙述效果方面有较大的差别。要理解文言文的意思，就必须掌握其中的节奏。因此，在学生通读课文的基础上，教师要引导学生划出朗读的节奏，初步理解文章内容。《学弈》中“思援弓缴而射之”一句，意思是想着拉弓箭去射它（天鹅），因此正确的停顿应该是

"思/援弓缴/而/射之"。但有些学生却读成"思援/弓缴/而/射之"，这样意思就含混不清了，理解起来也比较困难。

4. 对照注释，解释文句

在初步感知文言文的内容后，学生可以对照课文中的注释，揣摩句子的意思，独立解释文句。在这一环节，教师应强调，用现代语言表达文言文句子的意思时可以灵活一些，不必强求说法一致，意思不错即可。

5. 坚持"文道合一"，进行综合性学习

文言文是中华民族优秀文化中光辉的篇章，是华夏文明得以传承的媒介。因此，教师在让学生感受文言文语言特点的同时，也应帮助学生了解古人的思想观念，并向学生解释一些他们感兴趣的一些问题。

《两小儿辩日》一文叙述了古时候两个小孩凭自己的感觉，对关于太阳早晨离人近还是中午离人近的问题各执一词、相争不下，最后连当时"最有学问的人"——孔子也解答不出的故事。这个故事告诉我们，知识无限无穷，再博学多才的人也会有不知道的问题，学习是永无止境的，也表现了孔子谦虚谨慎、实事求是的科学态度。

对于太阳是在早晨离人近还是中午离人近的问题，学生也会很感兴趣。教师可让学生查询有关自然常识方面的资料，帮助他们归纳总结：早晨和中午的太阳距离地球的远近是一样的，感觉中午和早晨的太阳大小不一样，其实是视觉的错觉。早晨的太阳是以天空的一角为背景，太阳显得较大；而中午则是以整个天空为背景，太阳就显得略小。感觉早晨凉、中午热是因为早晨太阳斜射大地，温度低；而中午太阳直射大地，又已经照射了一上午，温度自然要高，感觉也就热一些。

6. 相互交流，深化主题

为了让学生真正理解文言文，深入理解文章的主题，教师可让学生分小组或同桌自由交流，解释课文，达到共同提高的目的。特别是对一些难句，教师可鼓励学生大胆地思考，自由交谈，提出不好理解或解释不通的语句，全班共同交流，然后教师再重点指导。

7. 熟读背诵，积累语言

通过多种形式的反复诵读，学生能初步掌握文言文断句、重读的规律，把握文言文的语气、语速，形成文言文语感。当学生读懂了文意，读出了文气，完成对文意的整体理解，并有个性化的体会和心得，他们就会产生浓厚的学习兴趣，从而享受到学习文言文的成就感。

8. 改写全文，全面提升

在学生基本理解课文的基础上，教师可让学生把文言文改写成一篇白话文。改写时，可以让学生加上一些自己认为合理的词语和句子，使得语句更加通顺、连贯。这样不但可以使学生对文言文的内涵有更为深刻的理解，还可以锻炼学生的想象力、写作能力及语言表达能力。

第三节　教学设计及案例分析

案例

《穷人》（部编版六年级上册第四单元）教学设计①

【教学目标】

（1）会写“汹、涌”等十四个字，会写“渔夫、汹涌澎湃”等十八个词语。

（2）能快速默读课文，把握课文主要内容。

（3）能抓住人物对话、心理活动和环境描写来体会桑娜和渔夫的人物形象。

（4）能根据提供的语境，联系课文内容，描写桑娜的心理活动。

【教学重点】

（1）理解课文内容，感受渔夫夫妇的高尚品质和沙俄时期穷人的穷困和悲惨。

（2）学习通过描写人物的对话、心理活动来表现人物特点的写作方法。

【教学难点】

（1）了解环境描写对表现人物形象的作用。

（2）联系课文内容，描写桑娜的心理活动。

【教学准备】

多媒体教学辅助课件。

【课时安排】

2 课时。

【教学过程】

一、出示课题，复习回顾

（1）听写词语。

糟糕 汹涌澎湃 风暴 抱怨 沉思 阴冷 轰鸣 自作自受 后脑勺

同桌互相校对、订正。

---

① 王梅，岳强，张宝利．小学语文课程与教学［M］．北京：中国言实出版社，2023：164－168.

（2）回忆课文主要写了一件什么事。

（3）过渡：《穷人》一文的写作年代正是俄国历史上阶级矛盾空前激化的时期。在这个时期，贵族、资产阶级吮吸人民的血汗，生活奢华而道德堕落，广大劳动人民生活极度贫困。

【重温写作背景，引导学生思考造成西蒙苦难、桑娜一家穷困的社会根源】

二、交流语句，初步感受人物形象

师：快速浏览课文，说说桑娜和她丈夫给你留下了怎样的印象？（善良、乐于助人、勤劳、宁可自己受苦也要帮助别人、有同情心、淳朴……）

师：课文只写了穷人的"穷"吗？你认为他们"穷"吗？

（物质上的贫穷和精神上的富有）

【引导学生体会环境描写对塑造人物形象、推动情节发展的衬托作用，是小说单元的教学重点之一】

师：广大劳动人民生活虽然极端贫困，然而他们的道德情操却高尚淳朴，他们不是穷人！从文中的哪些地方可以看出来？（环境描写、人物对话、心理活动）请找到相关的句子，用横线画出来。

三、品读重点词句，体会人物的高贵品质

（1）品读描写环境的句子。

（抓住重点句子，联系上下文，细致入微地体会）

①第一自然段：抓住"补一张破帆""屋外寒风呼啸""海上正起着风暴""清早出海，这时候还没有回来"等词句体会"穷"。

②西蒙家场景的描写：抓住"又潮湿又阴冷""稻草铺"等词体会"穷"。

③提炼写法，体会环境描写的作用。

师：从这些描写环境的句子中，你还能体会到什么？（桑娜虽贫穷，但很勤劳；西蒙的贫穷、艰难使她无法给予孩子更多的爱，但她尽到了母亲的责任，由此体会到西蒙的母爱）

④指导学生有感情地朗读，读出自己的感受。

（2）品读描写心理活动的句子：体会桑娜复杂的内心世界。

①桑娜沉思：丈夫不顾惜身体，冒着寒冷和风暴出去打鱼，她自己也从早到晚地干活，还只能勉强填饱肚子。孩子们没有鞋穿，不论冬夏都光着脚跑来跑去；吃的是黑面包，菜只有鱼。不过，孩子们都还健康，没什么可抱怨的。

【抓住点明中心的重点语句体会，更有利于抓住文章主线】

（抓住"冒着寒冷和风暴出去打鱼""从早到晚地干活""还只能勉强填饱""光着脚""菜只有鱼"等词语，体会桑娜一家生活条件极差、家境穷

苦的情况。但她从不抱怨，可以看出桑娜的乐观和对生活的热爱）

师：桑娜在抱回孩子、继续等待丈夫的时候想到了哪些？

【抓住重点词，联系上下文，体会人物品质】

②她忐忑不安地想：他会说什么呢？这是闹着玩的吗？自己的五个孩子已经够他受的了……是他来啦？……不，还没来！……为什么把他们抱过来啊？……他会揍我的！那也活该，我自作自受……嗯，揍我一顿也好！

师：为什么会想到这些？这里如此多的省略号有什么作用呢？（由于桑娜家庭的贫穷，桑娜心疼丈夫、同情孤儿，所以才会有如此复杂的心理活动。虽然桑娜的内心活动十分复杂，但是收养孤儿的决心却没有动摇）

师：读了描写心理活动的句子，我们看到了桑娜矛盾的内心世界。她先是激动，继而紧张、担忧，甚至责备自己，最后坚定。你能读出桑娜这个矛盾的心理过程吗？

③她的心跳得很厉害，自己也不知道为什么要这样做，但是觉得非这样做不可。

师：你觉得桑娜为什么要这样做呢？从中你能体会到什么？

（3）交流人物对话的句子：体会渔夫高尚的品质。

①分角色朗读桑娜和渔夫的对话，引导学生进一步体会桑娜一家生活的艰难。

②同桌分角色朗读。读完后，你有什么疑问？两个“沉默”各有什么含义？

（第一次，当丈夫走进屋时，本来焦急盼着丈夫归来的桑娜，现在却不敢抬起眼睛看他；当丈夫询问她在家的情况时，她脸色发白，说话断断续续。丈夫平安归来，该有好多话要说呀，而现在却变得沉默，是因为桑娜不知怎样向丈夫说出抱回孩子的事，她正盘算着从何说起，这种沉默正掩盖着桑娜内心的激烈斗争。第二次，桑娜向丈夫提起西蒙死了，留下了两个可怜的孩子，她的沉默带着试探的意图，想看看丈夫对这件事有什么反应）

③“哦，我们，我们总能熬过去的！”

师：这个“熬”字说明什么？

（他为了抚养邻居家的孩子，准备过更艰苦的日子，准备付出更多的劳动。他与妻子同样有着一颗甘愿自己受苦也要帮助他人的高尚的心）

师：课题是《穷人》，文中没有一个“穷”字，但我们处处可以感受到穷人的贫困与艰辛。同样，全文没有一句赞美的话，然而穷人的高尚品质却被表现得淋漓尽致。

四、读写结合，尝试练笔

（1）课堂小练笔：沉默中，桑娜可能会想些什么呢？联系课文内容，写一写桑娜的心理活动。

（2）指名让学生朗读练笔作品，师生交流，评价作品。

五、推荐阅读

师：托尔斯泰的代表作品还有很多，希望同学们在课余时间可以再阅读其他作品，如《战争与和平》《复活》等。

上述教学设计主要具有以下特点：

（1）目标明确。在教学案例中，教师紧紧围绕着单元的教学任务，科学地确定了“能抓住人物对话、心理活动和环境描写来体会桑娜和渔夫的人物形象，能根据提供的语境联系课文内容描写桑娜的心理活动”的教学目标。

（2）以读代讲。为了高效地完成目标，教师采用了以读代讲、读中感悟的方式，引导学生完成了初读课文的环节，了解了课文主要内容，结合写作背景，对“穷人”有了一个初步认识。

（3）抓住重点。教师引导学生抓住重点语句、重点词语、标点符号等，以师生共议、有感情朗读的方式，引导学生联系上下文，深入体会人物的心理活动，感受人物的美好品质。

（4）促进对话。对于课文中环境描写对塑造人物形象、推进情节发展的作用，教师没有简单地讲授，而是引导学生读文中的重点句子，交流自己的感受，在引导学生与文本、教师、同学的对话中，提炼出环境描写的作用。

拓展阅读

陶冶言为士则、行为世范的道德情操：二论学习习近平总书记关于弘扬教育家精神的重要指示［N］. 中国教育报，2023-09-12（1）.

第六章　表达与交流教学

第一节　表达与交流教学的目标

一、 表达与交流教学的学段要求

语言文字不仅是人类语言文化的重要组成部分，而且是人类社会最重要的交际工具和信息载体。《义务教育语文课程标准（2022 年版）》指出：“语文课程应引导学生热爱国家通用语言文字，在真实的语言应用情境中，通过积极的语言实践，积累语言经验，体会语言文字的特点和运用规律，培养语言文字运用能力。”对比 2011 年的课程标准，除了把“习作”和“口语交际”合并为“表达与交流”之外，新课程标准还强调了对学生表达能力的要求，鼓励孩子清楚明白地讲述见闻，并乐于分享自己的感受和想法。

培养表达能力，最终是要落实在与人更好地沟通交流上，这也是新课标育人目标的体现。新课程标准以语文课程核心素养为统领，确立课程目标。表达与交流能力的培养集中指向语文核心素养中的“语言运用”内涵。学生能在丰富的语言实践中，培养语言应用能力，根植对国家通用语言文字的深厚情感。

义务教育阶段课程目标，分为总目标和学段目标，均对小学语文教学中表达与交流能力的培养提出了要求。

表达与交流总目标为：“学会倾听与表达，初步学会用口头语言文明地进行人际沟通和社会交往。能根据需要，用书面语言具体明确、文从字顺地表达自己的见闻、体验和想法。能借助不同媒介表达自己的见闻和感受，学习发现美、表现美和创造美，形成健康的审美情趣。”

“表达与交流”学段目标在融合 2011 版课程标准中“写话、习作、写作和口语交际”的学段要求的基础上做了适当增补。在总目标的指引下，新课程标准明确了“表达与交流”在每个学段的目标，具体内容参见《义务教育课程标准（2022 年版）》。

二、 表达与交流教学的目标特点

《义务教育语文课程标准（2022 年版）》中表达与交流的总目标和学段目标体现了以下特点：

1. 注重整合性，强调学生能力逐步提升

《义务教育语文课程标准（2022 年版）》将口语表达、书面表达整合为表达与交流，相比《义务教育语文课程标准（2011 年版）》更加注重整合，着眼于学生的表达与交流能力的提升。《义务教育语文课程标准（2022 年版）》中各学段在能力的训练与提升上，有着明晰的衔接性，即某一能力在不同学段出现，随着学段提升，这一能力的训练与要求层级逐步提升，呈现螺旋上升的总体趋势。

如第二学段的“表达与交流”中对“转述”的要求，从第一学段提出能“复述大意和自己感兴趣的情节”，到第二学段提升为“能用普通话交谈，学会认真倾听，听人说话时能把握主要内容，并能简要转述”，第三学段顺势提出“听人说话认真、耐心，能抓住要点，并能简要转述”。同时，在统编版三、四年级的小学语文教材中，涉及“复述”“转述”的相关练习次数较多，实现了课程对照课标、依托教材，辅以多次反复的训练，让学生能力的提升得到落实，体现课程的整合性特点。

2. 注重学生学习体验，使其建立自信心

《义务教育语文课程标准（2022 年版）》注重学生在参与表达与交流时的学习体验，让由内而外的自信成为学生口头与书面表达交流的持续学习力。“表达与交流”第一学段目标中的第一条就提出：“学说普通话，逐步养成说普通话的习惯，有表达与交流的自信心。”第二学段目标的第一条再次提出：“乐于用口头、书面的方式与人交流沟通，愿意与他人分享，增强表达的自信心。”“乐于”“自信”两个关键词提醒教师应注重始终维护学生快乐的学习情绪，提升学生学习的自信，让书面与口头的交流、沟通成为学生学习中愉悦的体验。

3. 重视情境真实性，学习内容要贴近日常生活

“表达与交流”是一项综合性的语文实践活动，需要创设真实的情境才能触发学生交际动机。在真实情境中学习、思考、实践、反思，才能真正形成个体语言经验，推动学生核心素养发展。真实情境要能最大限度地反映出

语文知识、技能等在现实生活中运用的需要，唤醒学生学习语文的动力和热情。在口语表达与交流的内容设计上，教师应侧重具体的日常生活、社会实践场景，激发学生运用语言文字的真实需求，服务于解决现实生活中的真实问题；在书面表达与交流的内容设计上，要强调贴近学生生活实际，鼓励学生参与生活、感悟生活，在生活中学会观察、发现、创造，从而扩大视野、增进积累、激活思考、发展能力。

第二节　表达与交流教学的方法

一、习作教学

习作教学是小学语文教学的半壁江山，是语文课程的重要组成部分，《义务教育语文课程标准（2022 年版）》也提出，作文是学生认知水平和文字表达能力的体现，是字、词、句、篇的综合训练。习作教学无论是对于全面提高学生的语文素养，还是对学生今后的生存发展，都有极其重要的意义。

（一）转变观念，调整要求

1. 降低要求

教师在教学活动中扮演着非常重要的角色。教师的观念决定着其习作教学行为。当前，许多教师没有运用新课程标准理念指导教学，教学观念陈旧、落后。有的教师盲目拔高了学生习作训练的标准，不仅要求学生将作文写具体、写生动，还要体现高尚的情感、卓越的品质，将培养作家作为习作教学的目标；有的教师要求学生按照一定的套路来写作，学生写出来的内容千篇一律、缺乏个性，局限了思维的发展。

中国教育学会小学语文教学研究会理事长崔峦老师指出：“课程标准在作文方面倡导的最重要的理念是：放开手脚、自由表达。老师们在作文教学中要努力求真——童真、童趣、童语；求实——有实在的内容；不空洞，讲实话，讲自己的话，不说假话、空话、套话；求活——内容不限，形式不拘，写自己最想写的，用自己最方便的形式写；求新——尽量不和别人雷同；习作要写新发现、新感受、新想法，从内容到语言，都是自己的。”

《义务教育语文课程标准（2022 年版）》对学生习作的要求是“能根据需要，用书面语言具体明确、文从字顺地表达自己的见闻、体验和想法”，仅此而已。因此要紧密结合语文课程标准的学段目标安排训练，不宜盲目拔高习作训练的标准。一、二年级注重夯实基础，培养学生正确朗读课文和准确书写字词的基本技能，重点训练看图写话，画图配话，以激发兴趣为主要目的；三、四年级重点训练流利地朗读和半自动化的书写技能，注重文段的训练，以写通顺为目的，重在贯彻“我手写我心”“快乐作文”理念；五、六年级以读促写，重在引导学生关注生活，实现读写迁移，培养发散性思维和创造性思维，激发学生主动写作的欲望，激励学生进取精神。

总之，教师要以新课程标准理念为指导，从学生知识的生长点出发，循序渐进，实现螺旋式整体推进，真正地促进学生习作能力的提高和语文学习品质的发展。

2. 转变角色

小学生写作文最常遇到三类问题：一是学生不愿意写，没有写作的愿望；二是学生觉得没东西可写，缺少写作素材；三是不会写，缺乏写作方法技巧。教学时，教师往往把时间和精力放在解决第三个问题上，而缺乏对前两个问题的关注。这样一来，习作教学就变成了以教师命题、学生写作为主要形式，以传授写作技巧为主要内容的活动。至于学生愿不愿意写，有没有内容可写，则不在教师的考虑范围之内了。这源于对小学生写作活动的片面理解，即把小学生的写作活动理解为学生个人掌握作文知识和技巧的单一性活动。

在习作教学活动中，教师应该转变自己的角色，不仅做一个写作的传授者，还要做学生情感体验的激发者，做写作素材收集的指导者。为此，教师应该做到：

（1）树立以学生为主体的教学观念，以倾听者和对话者的身份组织学生的写作活动，尊重学生的独特感受与思考，同时进行人格的引领。

（2）了解儿童生活，懂得儿童心理，充分挖掘语文教育资源，创设有利于小学生写作活动的写作情境，为学生的自主写作提供有利条件和广阔空间。

（3）引导主体参与。组织、引导、启发、协调好写作前或写作过程中的对话活动。激发情感，打开思维，指导方法，从而使小学生产生倾诉、吐露、描写、表达的欲望，进入到较好的写作状态。

（4）改变评价观念与评价方式，用“欣赏的眼光”看学生的作文，用“孩子的眼光”来理解和评价学生的写作，善于发现学生作文中的积极因素，不压抑学生的写作欲望。鼓励在教师指导下开展学生的自我评价、自我修正与自我展示，以及学生之间的互评互改等活动。此外，教师要开辟多种园地，搭建更多平台，为学生的习作“发表”提供尽可能多的机会。

（二）激发兴趣，强化动机

兴趣是最好的老师。有兴趣才有写作的动力，有兴趣才有写作的潜力。只要作文课使学生产生了浓厚的兴趣，学生就有了对作文训练的积极性和主动性，写作文时就处于积极主动的状态。在作文教学活动中激发学生兴趣的常用方法有以下四种：

1. 使学生明白写作的目的

这是有关学生写作动机的问题，其核心是要让学生清楚“为什么要写作”和“为什么要学习写作”，对小学生来说，这不是一个简单的问题。当前的小学生大多只知道“为分数而写”“为完成老师布置的作业而写”“为受到表扬而写”等。而要使学生产生强有力的作文动机，就必须激发他们较高层次的社会性的需要，如交往的需要、认知的需要、审美的需要和取得成就的需要，而不能停留在分数、教师和家长的要求、奖励与表扬等低层次的需求水平。

《义务教育语文课程标准（2022 年版）》告诉我们，学生学习写作的目的在于自我表达和与人交流，其终极目标是为生活服务，提高生活质量。这些是小学生难以理解的，但是教师可以通过生动的谈话或创设有趣的情境，来激发学生认识自己、表达与交往、自我实现等高层次的表达需要，然后因势利导地和学生一起确定作文题目和要求，让学生充满情趣地进行写作。

2. 创设情境

精心依据作文教学的目的来创设相应的写作情境，创造适合习作的“大环境”“小气候”，在轻松和谐的氛围中，诱导学生进入特定的艺术境界，找出需要表达的内容，捕捉写作素材，触发习作的灵感和激情。

教师可以运用形象谐趣、童真童味、情感味浓郁的言语，去描述、烘托出特定的氛围，来拨动学生的心弦，令学生如见其人、如闻其声、如临其境。还可以根据写作的需要，选择相应的音像课件来烘托气氛，把学生带入写作的美妙景象中，给予学生强烈的感染。

（三）灵活生动地组织课堂

小学生具有喜欢新鲜感、好奇的特点，如果单单靠教师拿着一支粉笔讲解，很难调动他们的积极性。课堂中引入多媒体，用图片、视频、音乐等来直观地展示教学内容，可以唤起小学生的好奇心，吸引他们的注意力，开拓视野，促进思路。

例如，写一次运动会，教师可以运用多媒体展示运动会时的照片、录像，引发学生的回忆；写关于小动物的习作时，教师可选用一些视频，在明确目的及要求后，指导学生按顺序细致观察……多媒体的运用可以在一定程度上克服小学生观察的局限性，挖掘出他们平时熟视无睹的生活场景，激发学生学习兴趣，使他们愿意主动写作。以下是浙江桐乡市振兴西路小学张建锋老师的课例。

案例

激发感受力，让习作不再失真①

一次开家长会，一位妈妈愤愤地对我说："张老师，刚才我女儿同桌的妈妈告诉我，我女儿对她儿子说，她妈妈是母老虎。母老虎，不正是母爱表现的普遍状态吗?"这句话给了我灵感：四年级学生母亲节写母亲。以往写出来的文章生病题材最多，好像学生在生病的时候，才能够体会到母亲的爱。这一次能不能来点不一样的？就从"母老虎"入手。

我先让学生写下妈妈常挂在嘴边的几句话，口头禅也可以。于是有的写"快起床了，快起床了"，有的写"作业做好了没有"，有的写"快把电视关了，睡觉去"，还有的写"少吃垃圾食品"。总之，原本的温柔没有了，替代的是"母老虎"的形象。我让他们思考：妈妈为什么总这样说，是讨厌我们吗？他们一致回答"当然不是"。在回答"不是"的时候，他们已经隐约感知到了生活常态下的妈妈，妈妈的爱就藏在被自己忽视的细碎的日常生活中，最纯真的爱常常是以粗糙的面目出现的。

经历这样的讨论认知后，学生写出了《妈妈的唠叨》《我家的高音喇叭》《火辣辣的爱》等贴近生活的习作。因为在重新感受生活的时候，他们有了新的认识，认识到妈妈的爱少有春风化雨，多为狂风暴雨，让人又怕又爱。

引导学生去认识、去感受，学生就能从生活表面细节抵达生活真相，最终使他们的习作从情感到细节都回归生活的真谛。

此外，教师还应该灵活地组织课堂，可以把一些新颖的活动引入课堂。张化万曾经把西瓜抱入课堂，让学生看瓜说瓜、吃瓜品瓜；贾志敏在习作课堂上表演一个孩子以橘子酸的谎言"骗"爷爷吃下甜橘子的故事，展现了爷孙情；于永正把生活引入课堂，虚拟了一个需要学生向老师转述通知的情

---

① 张建锋．激发感受力，让习作不再失真［J］．小学语文教学，2017（19）：49－50.

景，一方面锻炼了学生人物描写等多种写作能力，另一方面又调动了学生的积极性……语文教师必须改变“教师指导—范文引路”的课堂教学方式，把这些新颖的活动引入习作教学课堂，让习作课不再枯燥，这样能充分激发学生写作的动机，让学生真正喜欢上习作，爱上习作。

（四）命题方式多样化

关于命题方式，教师不能一成不变，要避免因为命题的艰深和要求众多而限制学生的发挥。命题时，尽量做到提供选题的范围，提示所写的重点内容，其他方面不多做硬性规定。

教师在命题时还可以采用儿童的视角，这样更加贴近学生，诱发学生的习作兴趣，如《我的植物朋友》；或能激发学生丰富的想象的，如《奇妙的想象》之类，这样的命题可以放开学生被束缚的手脚，让学生全心投入习作中。此外可以采用半命题的形式，如《他____了》，这样就为学生提供了较为开阔的习作空间，还可以不给学生命题而只提出写作范围，比如写一次春游，让学生发挥自己的主观能动性，自己去拟定题目。在学生还不会自己拟题时，教师可帮助学生拟出几个相近的题目，让学生自由选择。

（五）交流与分享

学生写作的自信和兴趣主要来源于习作过程中合作和交流所产生的成就感，《义务教育语文课程标准（2022 年版）》中多次强调习作过程中交流与分享的重要性：“修改自己的习作，并主动与他人交换修改，做到语句通顺，行款正确，书写规范、整洁。”“能与他人交流写作心得，互相评改作文，可以分享感受，沟通见解。”

学生在习作交流的过程中，会自然而然地讲述个人的生活经验，如新鲜有趣的见闻、难忘的经历、自己做的得意或愚蠢的事情。教师及时组织交流，使每个同学既能享受到自己的快乐，也能分享他人的快乐，最重要的是在交流分享的过程中体验到习作的快乐。这些乐趣会激发学生写作的积极性，提高习作水平。

反馈评价方式应当多元化。心理学研究表明：人都有表现自己才能的欲望，充分满足这种欲望，有助于激发人的行为动机。写作是一种很好的释放自我、宣泄自我、展现自我的途径。小学生可以通过习作来更好地表现自己的才能，表达自己的思想观点，且每个人都希望自己的作品得到关注、获得反馈，学生亦然。

因此，在习作评价方式上，我们不妨打破教师单一评价的方式，实行学生自评、学生互评与教师评价相结合的多元评价。通过自我评价，学生不仅能更好地欣赏自己习作中的优点，增强自信心，而且能发现自己的不足，客观认识完善自己；通过学生互评，相互欣赏，相互指点，取长补短，共同进步；通过教师较权威、客观的评价，更好地发现自己习作中的优缺点。

搭建习作展示平台，在教室里展示学生的优秀习作成果，或者编辑学生个人作文集，亦会激发学生的写作欲和表现欲。

1. 创设发表园地

（1）书面发表园地：一方面通过校内发表，鼓励学生在班级黑板报、班刊团刊、文化长廊、文学社社刊等园地发表自己的习作，在学校的广播站宣读学生优秀作品；另一方面将他们的习作推荐给有关报刊，激发学生的创作激情，这样不仅丰富了校园文化环境，而且给学生提供了收获习作成就的广阔空间。

（2）口头发表园地：定期组织学生进行优秀习作朗诵会、影视评论会、文学沙龙、口头作文竞赛、即兴演讲等活动，这些丰富多彩的活动给学生提供了展示的机会，使学生体验到写作的快乐。

2. 组织参赛活动

先在班内和校内定期举行专题征文竞赛活动，在此基础上选拔学生参加省、市乃至全国性的作文大赛，以此检验自己的写作水平，以便不断进步、不断提高。

3. 编辑作文集

作文集是语文课堂教学改革的发展和延伸，为学生的发展、创造提供了一片新天地。教师可将学生个人的、班级的、学校的作文编辑成册，让学生产生喜悦和自豪感，带给他们成功的体验。

总之，要采取多种途径，让学生热情高涨地投入到写作中。因为兴趣是写好作文的起点，所以激发兴趣是小学作文教学永恒的主题。

（六）多种途径，积累素材

知识在于积累，写作素材同样需要积累。空有写作的积极性，而没有写作素材，则巧妇也难为无米之炊。因此，除了激发学生的写作动机之外，教师在教学过程中还要逐步培养学生的积累习惯，使其能有意识地、自觉地捕捉出现在学习、生活中的人、事、景、物，并将之诉诸笔端，养成观察生活、体验生活、记录生活的习惯。

1. 通过阅读积累

阅读对写作有着直接的促进作用，学生学写作文时必须大量阅读。古人云："博观而约取，厚积而薄发。"多读能使学生开阔视野，丰富体验。读书还有利于积累词语、名句、佳段，也有利于掌握更多的写作技巧。"读书破万卷，下笔如有神""熟读唐诗三百首，不会作诗也会吟"，证明了读和写的紧密关系。

博览群书，是与古今中外的大师们对话，是接受前人思想光辉的洗涤，是从人类精神文化遗产中汲取人文性的精神养分。

为了提高学生阅读的效果和质量，教师还需要做好阅读指导：

（1）根据课程标准的要求，对不同学段的学生提出相应的课外阅读要求。

如第二学段的阅读要求是：背诵优秀诗文五十篇（段），课外阅读总量不少于四十万字。教师要对要求的落实情况进行监督检查。

（2）做好读书的指导，教给学生读书的方法。教师要指导学生读什么书，怎样读书。

（3）教学生写读书笔记的方法，逐步养成写读书笔记的习惯。写读书笔记可以有效地积累词句，并且养成良好的读书习惯。

（4）开展各种读书活动，比如读书交流会、好书推荐会、读书笔记展览等。巩固、展示学生的读书成果，形成学生持续阅读的动力。

2. 通过生活实践积累

生活是写作的源泉，没有丰富的生活实践，写作便如同无源之水。叶圣陶先生认为，写作的材料来源于生活，生活充实到什么程度，就会做出什么样的文章。生活即是作文，作文即是生活。《义务教育语文课程标准（2022年版）》指出："养成留心观察周围事物的习惯，有意识地丰富自己的见闻，乐于表达自己独特的感受，能用多种媒介方式表达交流。""多角度观察生活，发现生活的丰富多彩，能抓住事物的特征，为写作奠定基础。"这些都说明在习作教学中要引导学生多关注生活、感悟生活、思考生活、始终贴近生活。只有获得对生活的独特体验，才能积累写作的素材。

走进生活，体验大自然，不仅可以让孩子体验到人与大自然的和谐，培养他们对大自然的朴素情感，也有利于培养学生善于观察、乐于观察，用心体验周围事物的好习惯，丰富学生的情感，丰富学生写作的源泉。因此，要让学生积极参与生活实践，亲身体验。

要尽可能地创造机会，组织学生参加一些有益的活动，如春游、参观工厂、公益劳动、兴趣活动、各种比赛活动等，让学生从生活中、从活动中撷取素材，表达自己的所见、所闻、所感。只有这样，学生才会感到有东西可写，文章才显得真实、可信。要使写作教学更贴近学生生活，教师要做到以下三点。

（1）尊重生活、体验生活、热爱生活。

只有保持对生活场景的关注和对生活的热爱，才可能获得真实、丰富的情感体验。在这方面，教师要以身作则，教师和学生分享感受、见解的过程也是潜移默化地影响学生的生活态度的过程。因此，让学生关注生活，教师首先要善于关注生活、体验生活，引导学生留意并学会观察周围看似平淡的生活。

（2）思考生活，表达生活。

在观察生活、体验生活的基础上，教师还要引导学生思考身边的生活，指导学生多角度、有创意地反映身边的生活。学会思考也就是学会分析事物，它是观察训练的发展，在观察进行到一定阶段后，就要对学生进行分析能力训练。因为学生的认识是由低级一步一步向高级发展的，即由浅入深，由感性认识上升到理性认识。提高学生观察事物、分析事物、认识事物的能力，由感性认识的观察发展到理性认识的思考分析，透过现象抓住事物本质，这是符合认识规律的。促进学生思考的常用途径有以下两条：

①想象、联想。实践中，观察是常与想象、联想结合在一起的。把观察与联想、想象结合起来，对学生来说，并不是很困难的事。当他们带着好奇的目光去观察周围世界的时候，联想和想象会自然而然地发生。如学生在观察春天的垂柳时，就能联想到贺知章的《咏柳》：“碧玉妆成一树高，万条垂下绿丝绦。不知细叶谁裁出，二月春风似剪刀。”还能把绿丝绦想象成姑娘美丽的头发，这种结合给人带来更新的认识。

②提出问题。在观察过程中，学生要善于发现观察对象存在的问题，然后通过调查访问等方式，进一步思考分析，对症下药，找到问题的答案。如一学生在观察校园垂柳时，发现枝条上两头叶子大、中间叶子小的现象，不知道为什么，就来问老师，老师告诉他，中间原来的叶子可能被摘掉了，现在是新生出来的。学生似懂非懂地问：“柳叶是不是像壁虎的尾巴一样，有再生功能呀?”通过追根究源地发问，学生明白了柳树在发芽生长期，柳叶有再生功能。柳树不仅在秋天有落叶现象，在生长过程中也有落叶现象，落叶处会抽出新的枝条，这叫新陈代谢。学生在观察时，无论运用哪种思考方法，只要能由此及彼、由表及里地进行推理，做出正确判断，认识事物就有一定的深度与广度，思维就可得到科学的锻炼而逐渐走向深刻。这些方法还可以帮助学生养成调查研究和用事实说话的良好习惯，丰富生活积累的内容。

（3）走出课堂，体验生活。

《义务教育语文课程标准（2022 年版）》指出，建设开放的语文学习空间，激发学生探究问题、解决问题的兴趣和热情，引导学生在多样的日常生活场景和社会实践活动中学习语言文字运用。课程与生活要紧密联系在一起，陶行知认为："教育这个社会现象起源于生活，生活是教育的中心地位。"生活教育理论包括三个基本内涵："生活即教育""学校即社会""教学做合一"。

小学语文的外延就是生活，学生除了在教室里学习外，还应该走出教室，去体验生活，"在做中学"，这样才能将知识记得更牢。学生在实践过程中，丰富了情感体验，其倾诉、交流、抒发情感的欲望才可能被激发，有一吐为快之感后，生活实践频率就能极大地提高，通过进一步的实践，可以增长见识，丰富情感体验，更加乐于走进生活、发现生活，进而热爱生活。

举办一些贴近自然、贴近生活、贴近社会的活动，让学生在五彩缤纷的大千世界里学会观察，积累多姿多彩的作文素材，深刻地感受到美的律动，激起强烈的表达欲望，自然妙笔生花，其乐无穷。

（七）以读促写，以说促写

听、说、读、写是四种基本的语文活动形式，它们相互联系、相互促进，不可偏废。将阅读教学、口语交际教学和写作教学结合起来，可以极大地提高写作教学的效率。

1. *以读促写*

心理学的相关研究表明，学生的写作经历了由仿到创的过程。写作始于仿写，而仿写要以阅读为前提。尤其是阅读教学中课文的阅读，对学生的写作具有直接的借鉴作用。可见，学生写作能力的提高离不开阅读教学。

（1）课外阅读常抓不懈。

课外阅读是语文学习的重要途径。著名教育家朱永新说："一个多读书的人，其视野必然开阔，其志向必然高远，其追求必然执着。"做好课外阅读，不仅可以大大拓宽学生的视野，提高语文能力，还可以丰富学生的人文涵养，塑造良好的品质和健康的人格。因此，我们的阅读教学要将课内阅读与课外阅读紧密结合，教师定期为学生推荐图书，同时提示阅读方法，精于组织，使学生的课外阅读更加有效。做好这项工作将会极大地提高习作教学的效果。

叶圣陶先生曾经说过："语文教材无非是个例子，凭这个例子要使学生能够举一反三。"因此，学完一篇课文后，学生应当感到意犹未尽，教师要有针对性地推荐相关的课外读物，使学习向课外、课后延伸，并及时地进行反馈、交流，这样有利于最大限度地开发课程资源，促进课内外学习和运用的结合，调动学生学习运用语文的积极性，并不断扩大语文学习的视野。比如在教学统编版教材五年级下册《军神》一文后，教师可以引导学生阅读十大元帅的书籍，进一步了解在那个风起云涌的时代，在那个群星璀璨、英雄辈出的时代，他们是从硝烟弥漫的战场走来的英雄。为此，可以向他们推荐《毛泽东与十大元帅》《十大元帅轶事》和《十大元帅传记》。同学们任选一本进行课外阅读，加深对文本的理解、对时代的了解。

（2）阅读教学中的写作训练。

读中写。在阅读教学中要合理挖掘教材内部的写作因素，以期有目的、有计划地进行写作指导。教材的选文，大部分是文质兼美、风格迥异、表达独特的名篇佳作。教师在进行阅读教学时，要有意识地引导学生对这些课文进行阅读感悟，使其对课文的表达形式和表达方法有所了解，积累丰富的语言词汇。

同时，教师在阅读教学中，可以针对某些课文的特点，指导学生进行适当的写作训练，以写促读，以读促写，读写相互渗透；还可以加强仿写的指导，让学生模仿某些范文的立意、构思、布局谋篇或表现手法进行习作训练，拓宽写作的思路，从读、仿中悟出写的门径。例如，读书时随时将自己的感受、观点、疑问等记录下来，以及在阅读教学过程中进行仿写、改写、续写等训练，都是将阅读和写作紧密结合、以读促写的有效途径。

读后写。教学《美丽的小兴安岭》后，可以把学习按时间顺序、抓住特点描写景物作为读写结合的一个重点，安排学生进行写作训练。把引导学生写读书笔记作为写作教学的重要内容。不动笔墨不读书，让学生养成喜欢读且每读必写的习惯。读书笔记的类型很多，可以是好词佳句的摘录；可以是书的内容提要；可以是零星的感想，或是由此而引发的自由联想；可以三言两语，也可以长篇大论。这是激发学生阅读和写作兴趣，提高学生读写能力的有效途径。只要坚持练习，久而久之，写作能力就会得到同步提高。

写前先读。写前先读是指在写某一题目的作文之前，阅读与此类作文有关的文章，目的在于找出范例，便于模仿。也可以针对学生过去作文中存在的问题，有的放矢地找一些课内外的文章，让学生先阅读后落笔，避免重犯老毛病。

改编写。根据文章的内在联系和合理想象，变换文章的文体或表达方式，进行习作改编，这对学生的习作能力水平提出了很高的要求。比如四年级上册《西门豹治邺》课后选做题：剧本主要依靠人物对话来推动情节，刻画人物。在老师的指导下，试着根据“阅读链接”中的剧本开头改编课文，并演一演这个故事。课后的“阅读链接”的内容是以剧本形式出现，这是整套教材唯一一次出现剧本形式，也是学生唯一一次运用剧本形式改编内容。学生必须熟悉课文开头的内容，也必须把自己的语言转换为“剧本语言”，改编的过程就是学生创造性地运用语言规律、促进语言发展的过程。

纪实写。积累语言材料是语言发展的基础，通过持续不断地练笔，提升学生对语言的把握。教材写作练习有些是让学生如实地记录生活，记录成长的经历。如四年级上册的《一只窝囊的大老虎》课后选做题：排练时的情形，“我”记忆很深刻，而表演时“到底怎么演完的，我一点儿也记不起来”。你有过类似的经历吗？写下来和同学交流。

想象写。统编本教材特别重视想象，阅读和习作中都安排了多个单元进行落实。没有想象则写不成精彩的作文，可以夸张地说，想象是作文的灵魂。在课后题小练笔栏目中，涉及想象写作的内容也特别多。比如五年级上册《落花生》小练笔：花生会让我们想到那些默默无闻作贡献的人。看到下面的事物（竹子、梅花、蜜蜂、路灯），你会想到哪些人？选择其中一个，试着写一段话。六年级上册《穷人》小练笔：“是啊，是啊，丈夫喃喃地说，这天气真是活见鬼！可是有什么办法呢！”两个人沉默了一阵。沉默中，桑娜会想些什么呢？联系课文内容，写一写桑娜的心理活动。

积累写。小学生对语言规律的了解，是在长期模仿学习、语言实践中通过反复接触进行的，因此语言的积累就显得尤为重要。课文中常会出现抄写句子的要求，如四年级上册《走月亮》的课后题：读一读，再从课文中找出其他优美生动的句子，抄写下来。“哟，卵石间有多少可爱的小水塘啊，每个小水塘都抱着一个月亮！”“看，稻谷就要成熟了，稻穗低垂着头，稻田像一块月光镀亮的银毯。”本单元的语文要素是边读边想象画面，感受自然之美。课文中有许多富有诗情画意的句子，在抄写的过程中，学生眼前会浮现出美丽的画面，优美的语言也会深深地烙在记忆中。

2. *以说促写*

口头语言与书面语言是互相影响、紧密联系的。口头语言的发展是书面语言的先导和基础，是内部语言转化为书面语言的桥梁。想得清楚，说得清楚，写出来就明白了。因此，要提高书面表达能力，必须按照先说后写的顺序进行训练。

（1）听后说写。

听后说写就是让学生把自己听到的有趣的故事、优美的句子说出来并写下来。按照由易到难、由浅入深的原则，可以先说一个简单的歌谣，让学生听后说出来，说清楚之后再写。慢慢地，引导学生把从广播里、电视里听到的小故事记下来，讲给教师、家长和同学们听。这样，时间长了，学生不仅养成了集中精力听、用心记的习惯，还提高了说写水平。

（2）做后说写。

教师可以结合少先队、班级的活动安排，或者有目的、有计划地组织学生参与一些活动，让他们把经过说出来、写下来，以培养他们的说写能力。如学校开展尊老敬老活动，活动开始就动员大家做尊敬老人和长辈的模范，做一件尊敬老人的事，教师可以让同学把事情的经过写下来。由于学生有了明确的目的，也注意了做的经过，所以写得既真实又完整。还可以结合自然课和美术课上学生做的实验和粘贴画，让学生把做的过程记下来。无论是在家里还是在学校，让学生把做过有兴趣的事记录下来，养成自觉练笔的习惯。

（3）看后说写。

看后说写主要是看图说话。课文中的插图，基础训练上的“看图说话”，都是看后说写的内容。每次说话课，可以先教给学生观察的方法：首先弄明白①谁在什么时间、什么地方，干了一件什么事；②他先干了什么，后干了什么，看清顺序；③结果怎样。然后再把每幅图分开看，在观察的基础上让学生说给全班同学听，要说得具体、形象。说完以后让学生根据教师指导的顺序写下来。

（4）读后说写。

读后说写主要是结合阅读教学进行。如《我要的是葫芦》一课，写的是从前有一个种葫芦的人，不懂叶子跟葫芦的关系，只知要葫芦，叶子生了虫子，他也不管。让学生以“第二年那个人又种了一棵葫芦”为起始句，把自己的想象写下来。这样学生的思维想象能力就得到了锻炼和提高。

总之，无论是听后说写、做后说写、看后说写，还是读后说写，都是从内容入手，解决了学生写作文最头痛、无话可写的问题。

（八）注重习作评改

好作文是改出来的，教师要指导学生在作文写好之后多读、多改，注重作后评改，在“作文后多下点功夫”。

《义务教育语文课程标准（2022 年版）》高度重视作文修改，明确提出：“学习修改习作中有明显错误的词句。”“修改自己的习作，并主动与他人交换修改，做到语句通顺，行款正确，书写规范、整洁。”

一开始学生并不懂得要修改自己的习作，因此让学生养成自改的习惯是一个重要而艰巨的过程。学生开始萌发自改的意识，始于在一二年级写话教学和口语交际教学中被要求读一读句子，看看句子通顺与否，到三四年级，教师就应该开始有意识与有目的地培养学生自我修改的能力，主要通过宣读学生习作，表扬写得好的学生等方式。到了五六年级，随着年龄的增长，学生已经养成自我监督的意识，学会自我修改习作。

培养学生的自我修改能力，首先要求教师激发学生的自我修改动机，使学生产生自我修改的意识，这样才能充分激发学生的主观能动性，使学生具备自我修改的内驱力。其次，要让学生逐步掌握自我修改习作的要点，有目的、有步骤训练学生，确定某一时期修改的重点，集中训练某一方面的自改方向。要按照学生的认知规律，提高学生的自改水平。采取多种多样的方法，帮助学生提升自主修改能力。此外，还要培养学生的自制力，通过反复的练习，让学生养成严格要求自我的习惯，变被动为主动，逐步养成良好的自我修改习作的习惯。

1. 多留少改

多留少改是中国古代写作教学积累的有益经验之一，其目的在于保护学生写作的积极性，在批改学生作文时，要尊重学生的原文，把错别字、病句和明显的常识性错误改出来即可，不能凭着教师的喜好和成人的写作标准盲目追求面面俱到。学生的作文不论好坏，都是他们的情感表达，教师改动过多，会极大地挫伤学生写作的自信心和积极性。因此，小学习作讲评宜以鼓励为主。

2. 有意识地培养学生自我评改的能力

作文评改的目的不在于改正错误，而在于逐步培养学生自我修改的能力，这是一个长期的过程。作文评改可分为自改自评—互改互评—师评三个步骤：第一步，学生按照教师提出的修改要求，自读自改习作，写上自己的评语，打上分数；第二步，修改同学的习作，也写上评语，打上分数；第三步，由教师检查、点评。培养学生自己修改作文的能力，不仅增强了学生的写作兴趣，还能有效提高学生的写作能力，也是培养学生主动学习的一种有效方式。

周国平在谈到写作时这样说道："对于我来说，人类历史上任何一部不朽之作都只是在某些时辰进入我的生命，唯有我自己的易朽的作品才与我终生相伴。我不企求身后的不朽。在我有生之年，我的文字陪伴着我，唤回我的记忆，沟通我的岁月，这就够了，这就是我唯一可以把握的永恒。"

习作就是将易逝的生命兑换成耐久的文字。习作，既是一种学习方式，也是一种生存状态，更是一种生命成长。所以，习作真的不只是"写"的事，更是"思考"的事、"体验"的事、"探索"的事、"发现"的事、"成长"的事！

小学习作教学之路是任重而道远的，提高学生的习作水平并非一朝一夕就能做到，因此我们要在教学理论中不断探索，在教学实践中获得启发，不断总结经验，努力让学生对习作由“厌”写变“乐”写，由被动变主动，因“厚积”变“薄发”，因习作而快乐。

二、 口语交际教学

（一） 选取贴近生活的口语交际话题

案例

《学会做客》 教学片段①

师：同学们，平时你到过别人家做客吗?

生：我到过我表姐家做客，她还送了我礼物。

生：我到过隔壁的邻居家做客，和小朋友一起玩游戏。

师：看来，大家都有过做客的经历。今天老师给大家介绍一位新朋友，她叫“小红”，让我们一起来看她是怎样到小明家做客的。（观察“小红”做客录像）

师：小朋友们，看了录像后，你们喜欢小红吗？为什么？

生：喜欢。因为小红到小明家做客时很有礼貌。

师：既然小红是个有礼貌的小客人，那就让我们一起来夸她。瞧！小红来到门口，她是怎么做的？

生：小红来到门口，先轻轻地按门铃。

生：小红一边按门铃，一边还说：“请问小明在吗？我是小红。”

师：（课件出示图）小明听到门铃声后打开了门，小红见到主人小明，她会说些什么？

生：小红会说：“小明你好！”

师：对，见到主人要热情问好。此时如果你是小明，面对客人，该说些什么？

……

师：（课件出示图）瞧，小红离开小明家时，手里拿了什么？

生：是一本书。

师：原来小红是来向小明借书的。想一想，她是怎样向小明借书的？借

① 本案例由特级教师于永正设计。

好书后又是怎样向小明告别的？下面，我们就来当一回小演员，演一演录像中的两位小主人公。

（学生自己找伙伴演一演。之后，教师指名学生上台表演，其余学生当观众，如果台上演员有演得不好的地方，观众有权喊停，提出修改意见）

……

案例

这样做不好

师：同学们，当你发现生活中有人做有损于公共利益的事情时，你应该怎么劝阻？

生：我星期天跟妈妈逛街时，看见一个叔叔把口香糖吐在地上，真脏！我上去拉住他，让他捡起来。他看了我一眼，没捡就走了。

师：你知道这是为什么吗？

生：妈妈当时告诉我，说我说话的声音太大了，街上的人都看着那个叔叔，叔叔怕丢面子。

师：你是个勇敢的小男孩，敢对不认识的人发表正确的看法。（转向同学们）那我们怎么做才能让那个叔叔改正错误呢？

生：说话要有礼貌，不能板着脸。

生：小声说，不让别人听见，叔叔肯定会捡的。

生：如果叔叔不捡，我就用纸帮忙捡起来。

生：昨天上完体育课，我看见小戈穿越绿化带，我刚喊他，他脸就红了，对我说“对不起”。我好开心！

（这个同学发言时，小戈同学的头低下去了）

师：是啊，你做得很好，老师也为你高兴，我想，小戈同学今后也不会犯这样的错误了。

生：今天早上，在上学路上，我跟爸爸看见一个大哥哥把喝过的牛奶袋扔在地上。我拉住他说：“大哥哥，你这样做不对，破坏环境。请你捡起来，丢到垃圾筒里。”那个大哥哥不捡，还用眼睛瞪我。被爸爸批评后，他才捡起来，丢进垃圾筒里。

师：我们谢谢你和爸爸。（转向同学们）如果当时只有你一个人，怎么办？

生：我自己捡起来，丢进垃圾筒。

生：可是那个大哥哥不改，天天丢，怎么办？

1. 案例分析

（1）创设情境，把生活搬进课堂。

口语交际是以交际为核心，交际双方通过口头语言进行沟通的动态过程，它绝不是听与说的简单相加，而是基于一定的话题展开交流，从而达到特定的交际目的的活动。到别人家做客这样的事情是日常生活中每个人都经常遇到的。在案例中，教师精心创设学生所熟悉的情境，把生活搬进课堂，这极大地激发了学生进行口语交际的兴趣。教师借助小红到小明家做客这一情境，使学生在原有生活经验的基础上，学会了到别人家做客时该如何说、如何做、怎样做到有礼貌。这样的交际训练有很强的实用性，对于指导学生在现实生活中与人交往起到了示范引领作用。

（2）互动交流，在实践中提升能力。

口语交际是一个双向互动的过程。对口语交际而言，“交流”主要是指交际双方就共同的话题进行对话，不断根据说的内容随机应变地做出言语的回应。因此，口语交际教学不但要求学生在实践活动中锤炼语言，而且要让学生学会与人交流，即体现出交际性。从本质上看，口语交际就是一种双向互动的动态言语实践活动。因此，“双向”和“互动”理应成为口语交际教学的最根本特征。在案例中，教师与学生、学生与学生之间的对话是一种互动交流的过程。师生之间、生生之间语言、思维上的启发和碰撞能够使口语交际的过程更加生动精彩，学生的口语表达能力在这种相互激发、取长补短中得到了提升。

（3）激励评价，提高口语交际质量。

德国教育家第斯多惠说过：“教学的艺术，不在于传授本领，而在于激励，唤醒，鼓舞。”教师在对学生口语表达的态度和能力进行评价时，应以激励性评价为主，以此激发学生口语表达的内在动力，使学生获得自信和成功的体验。在案例中，对于学生能够运用礼貌用语的做法，教师给予了充分肯定与表扬。与此同时，教师还引导其他学生参与评价，课上形成了积极交流、良性评价的局面。这能促进学生思维的发展，提高口语交际的质量，最终使学生养成良好的语言习惯。

2. 捕捉活动契机，鼓励学生大胆表达

少年儿童大部分时间是在学校中度过的，丰富多彩的校园文化活动对于开阔学生的眼界、启发学生的思维、提高学生的能力起到了重要的促进作用。教师可把每次的学校活动当作口语训练的重要契机，让学生针对班级如何开展此活动展开讨论，鼓励大家进言献策。在讨论中思维不断碰撞，这对于提高学生的口语表达能力和思维能力有着很大的促进作用。当活动结束后，学生们还沉浸在快乐之中时，教师可以趁机组织学生把活动过程中最感兴趣或印象最深的情节说给大家听，由于刚刚参加完活动，他们往往有话可说，如果让他们“一吐为快”，学生的表达将是真情流露。在学生表达的过程中，教师要提醒他们注意口述的条理是否清楚，用词是否恰当，语言是否流畅等，久而久之，学生的口头表达能力自然就得到了提高。

3. 关注特殊时刻，捕捉生活火花

在日常生活中，一些特殊的时刻对开展口语交际有着重要的作用。教师要重视这些特殊时刻的作用。通过开展话题讨论，激发学生表达的兴趣和愿望，从而提高学生的口语交际能力。如新学期开始，让学生说说自己本学期的发展目标；小组内部讨论分工问题，制定小组的努力方向；国庆节旅游归来，说一说看到了什么，对于此次旅游有何收获和感受；当班级获得流动红旗时，让学生分享此时的感受，说出下一步的努力方向；当同学之间发生矛盾时，让其他学生扮演“小法官”，帮助他们评判对错。贴近学生生活的话题，可以激起学生倾听与表达的欲望，激活学生的生活经验，触动学生的所思所想，使学生人人有话说，有想法可交流。

4. 开展亲子交流，锤炼口语能力

生活是开展口语交际训练的广阔天地，是口语交际的源头活水，而家庭是孩子成长的见证者和陪伴者。学生在与家长交流的过程中会相对放松，对于一些人或事，能够不受他人的干扰而说出自己的想法，做出自己的评判。亲子之间的口语交际对于增进亲子关系，发展学生的口语能力有重要的作用。如学生把自己一天当中的所见所闻讲给父母听，父母根据孩子的讲述进行提问，由孩子解答；学生向家长介绍新同学，说出新同学的姓名、特点等。在这个过程中，家长既要做忠实的听众，还要及时纠正孩子口语表达中的语病。

5. 增进人际交往，开拓交际空间

语文学习的外延和生活的外延相等。学生的口语交际能力不是仅凭口语交际课培养的，而是在无处不在的口语交际实践中形成的。有道是“得法于课内，得益于课外”，口语交际训练的根本目的就在于实际运用。因此，除了在课堂上加强口语交际训练外，还要引导学生在社会交往中进行实践，如组织参观、访问、调查、慰问等活动，让学生在真实的情境中与人交往，提高口语交际能力。

我们的日常生活是丰富多彩的，儿童眼中的世界更是无比精彩。口语交际能力是一种生活交往能力。学生学习口语交际是为了更好地生活，而生活又为学生口语交际训练创造了无尽的源泉，可见，生活与口语交际密不可分。教师要引导学生做生活的有心人，通过观察周围的世界，发现生活中精彩的画面、有趣的现象、令人感动的瞬间。教师可通过营造轻松、民主、和谐的交际氛围，激发学生表达愿望；通过创设生动、活泼、有趣的交际环境，鼓励他们说出自己的想法和感受，从而达到提高学生的思想认识和口语交际能力的目的。

6. 从文本中挖掘口语交际的素材

口语交际能力的培养必须贯穿在各个教学环节之中。教师不仅要利用好教材中口语交际课的内容，还要深入钻研课文，挖掘课文中有利于培养口语交际的因素，采用灵活的方式组织教学，使学生具有口语交际的能力。《义务教育语文课程标准（2022 年版）》中指出："乐于在班级活动中交流展示，能根据需要用普通话交谈，认真倾听，把握对话的主要内容并简要转述，能按照一定的顺序讲述见闻，说出自己的感受和想法。"这里的对话，不仅是一种理解的过程，也是一种言语交际的形式。小学语文课本汇聚了众多优秀作家的名篇佳作，这些作品大都故事情节生动、图文并茂、贴近少年儿童生活，是引导学生进行口语交际的很好的素材。

第三节　教学设计及案例分析

案例

《我的心儿怦怦跳》（部编版四年级上册第八单元）教学设计①

【教学目标】

（1）能选取一件令自己心儿怦怦跳的事情，并写清楚事情的经过和当时的感受。

（2）能自主修改习作，并写清楚。

【教学重点】

（1）写清楚事情发展的经过。

（2）学习从"心情""动作""神态"等不同角度把感受写清楚。

【课时安排】

2 课时。

① 岳强，王梅，赵晓霞，等. 小学语文课程与教学［M］. 镇江：江苏大学出版社，2021：162.

第一课时

【课时目标】

（1）选取一件令自己心儿怦怦跳的事情，写清楚事情发展的经过。

（2）从“心情”“动作”“神态”等不同角度，借助教材提示和自己积累的词语，把感受写清楚。

【教学准备】

课件、习作例文、学习单。

【教学过程】

一、谈话激趣，引发习作话题

（1）出示一组表情包，让学生说说这些表情分别代表什么感受。

【借用表情包，不但能营造轻松的交流氛围，而且可以唤起学生内心的真实体验】

（2）师：生活中，哪些事也曾带给你心跳不已的感受？请大家在学习单上罗列其中的三件，并和同学交流。

（3）学生自主填写，进行交流，教师相机板书：当众发言、参加竞赛、独走夜路、等待家人、考试失败……

（4）师：假如将心跳指数分为三级，请看一看你的三次经历分别达到了哪一级心跳指数？（请学生在学习单上标注每次经历的心跳指数，如图6－1所示）最让自己心跳不已的是哪一次？选择最想告诉大家的一次经历，和同学交流。

我的经历：	1.	2.	3.
心跳指数：	♡♡♡	♡♡♡	♡♡♡

图6－1 每次经历的心跳指数示例

【“心跳指数”的判定，意在帮助学生从众多的经历中迅速聚焦最想与人分享的事情，解决“写什么”的问题】

（5）总结学生交流情况，并提出本次习作任务：生活中总有一件事情令你的心儿怦怦跳，如果能把这件事写下来，并写清楚自己当时的感受，这件事一定会更加令你难忘。

二、交流分享，理清事情发展经过

（1）绘制心跳曲线图，回顾事情发展经过。

【绘制心跳曲线图，重在引导学生理清事情的发展顺序，搭建起习作的框架】

①以“参加百米赛跑”为例，引导学生交流：要写清楚这次难忘的经

历，可以按“开赛前—比赛时—比赛结束—登上领奖台”的顺序进行叙述。

②学生在学习单上整理自己最难忘的一次经历的发展过程，填写每一个阶段的感受。

③学生在小组内交流，并选派代表在班里进行展示。

④教师总结：要让别人听得明白，就得按一定的顺序把事情经过写清楚。同学们在交流的过程中，说清楚了事情的经过，也能用关键词表达每一个阶段的感受。接下来，我们来交流最让自己心跳加速的那一刻，身体到底有什么反应。

【引导学生选取印象最深刻的阶段，利用心跳曲线图追问表现感受的多种角度，开拓学生思维】

（2）聚焦最难忘的一刻，引导学生分解身体各部分器官的变化。

①以“紧张”这一感受为例，引导学生交流：感觉到紧张的时候，心里会怎么想？哪些部位发生了变化？手会怎么样？脚会怎么样？脸上有什么感觉？心跳有变化吗……

②学生针对自己最难忘的那一刻的感受，在学习单上补充相应的词语，表达各种感受。

③学生与同学口头交流后，教师引导学生在全班同学面前进行展示。

④教师总结：有时候，某种感受只发生在一瞬间。注意到这一瞬间身体器官发生的变化是写清楚感受的方法之一。

三、范文引路，点拨写感受的方法

（1）出示学习提示和范文片段。学生自读范文片段，并勾画出描写感受的语句。

我翻了一遍又一遍，惨啦！作业不会长翅膀飞了吧？我把书包翻了个底朝天，就是找不到作业本。我的心怦怦直跳，这下可糟了！我真希望时间能停下来。记得上次有人没交作业，老师眼睛射出的两道光像两把冰冷的利剑，令人浑身发冷。想到这儿，我的心里有一把鼓槌在使劲地敲打——嘭！嘭嘭！后背一阵发热，是因为着急而流出的汗水吗？我真想大叫一声：“作业本，你出来吧！”

【这里引用的范文片段，有多种表达感受的角度，可以帮助学生解决“怎么写”的困惑】

（2）学生读范文后，在小组内交流自己的发现。

【在本环节的教学中，通过让学生自读自悟，努力实现让学生自己建构习作方法的愿望】

（3）全班交流，教师点拨，并将方法梳理在黑板上。

①可以用动作描写来表现心情，如“我把书包翻了个底朝天，就是找不到作业本”，表现出内心的着急。

②同一种心情可以多次出现，但在说法上要有变化，如“我的心怦怦直跳，这下可糟了”“我的心里有一把鼓槌在使劲地敲打——嘭！嘭嘭！”两处都在写内心的着急，第一句直接描写，第二句借助形象比喻。

③可以写清楚身体感官的状态，如“后背一阵发热”。

④可以借助周围的人或者物来表达心中的感受，如“老师眼睛射出的两道光像两把冰冷的利剑，令人浑身发冷”。

【总结写作方法，告诉学生写作实践很重要】

四、运用方法，独立进行写作

（1）出示习作要求和习作诀窍。

习作要求：

①写清楚事情的经过。

②选择自己喜欢的方法，把内心的感受写清楚。

习作诀窍：

①可以用动作表现心情。

②可以多次表现心情。

③可以写身体感官的变化。

④可以借助周围的人或物。

（2）学生独立写作，教师巡视。

综合点评

小学中年级学生的习作要完成从写一个句子或几个句子、写一段话或几段话向写一篇文章的过渡。虽然通过阅读教学，学生已经有了“篇”的概念，但是要自己独立完成习作还是有一定难度的。因此，在中年级学生的习作教学中，教师的指导显得尤为重要。

在本节课的教学中，教师按照“唤起生活体验—自主选材—共建写法—尝试写作—互助评价”的思路进行教学，是一次很好的教学设计。

教师将重点放在指导学生“写什么”“怎么写”上。首先，教师从指导学生选择生活中的习作材料入手，帮助学生解决“写什么”的问题。教师提供了学习单，尝试帮助学生练习本次习作；设计的心跳指数图有利于学生打开习作思路，确定习作内容。接下来，教师又借助心跳曲线图帮助学生理清事情的发展顺序，同时引导学生感受、体验交流身体各感官的变化，将发生在一瞬间的感受展开来写，巧妙而有效地引导学生把感受写清楚、写明白，完成了教学重点，突破了教学难点。最后，教师还提供了习作例文，从多个角度引导学生学习写清楚感受的方法，改进写法，帮助学生解决“怎么写”的困惑。

拓展阅读

坚定心有大我、至诚报国的理想信念：论学习习近平总书记关于弘扬教育家精神的重要指示 [N]. 中国教育报，2023-09-11 (1).

第七章 梳理与探究教学

第一节 梳理与探究教学的基本理念

《义务教育语文课程标准（2022 年版）》凝练了语文学科核心素养，并以独特的学科实践方式来培养学生的核心素养，即以语文学科实践活动为主线，以学习任务群为载体来建构以素养导向的课程内容体系。梳理与探究正是其中一个重要的语文实践活动，是 2022 年版课程标准的一个亮点，它是在 2011 年版课程标准的综合性学习的基础上提出来的这一领域的实践性和综合性更强的，将语文学科实践进一步拓展到更深广的社会生活文化场域，关注学生思维品质的养成，培养学生的创新意识和实践能力，积极倡导自主、合作、探究的学习方式。“梳理与探究”的提出有两条承续关系线索：一是与《义务教育语文课程标准（2011 年版）》中的“综合性学习”一脉相承，迭代升级；二是与《普通高中语文课程标准（2017 年版 2020 年修订）》提出的“语言积累、梳理与探究”保持一致，形成课程的连贯性。

一、注重探究，突出过程性

培养探究意识、探究习惯和探究能力是梳理与探究的前提和基础，也是设置梳理与探究内容的目的之一。探究是具有研究品质的学习，与抄、背、默的机械学习方式不同，它鼓励学生运用多种方法，从不同角度进行多样化的探究，既有个体的独立钻研，又有群体的讨论切磋。这使得语文学习活了起来，也让语文学习内容更加深入。

探究性学习更注重过程。因此，《义务教育语文课程标准（2022 年版）》无论是在“教学建议”还是“评价建议”中，都突出“过程”一词，特别注重探索和研究的过程，注重学生是否能主动提出问题，搜集整理材料、综合运用语文知识探究问题、展示与交流学习成果等方面的情况。在探究过程中，学生不仅收获了知识、能力、语文学习的方法，也增强了对语文的兴趣，养成了热爱探索的品质。因此，语文教学梳理和探究过程与教学结果同样重要。

张向华老师设计的“走近‘虫’字家族”活动，让学生从虫字旁的汉字里筛选出不是昆虫的“青蛙”“蚯蚓”“虾”。于是，学生发现了一个值得探究的现象——它们不是昆虫，却带虫字旁。① 在探究过程中，学生发现汉字造字的奥秘，不仅将过去零散的知识整合起来，还激发起学生识字的兴趣，培养自主探究和创新思考的能力。这些收获比学会认识几个虫字旁的汉字更为珍贵。

二、 重综合， 突出语文性

与综合实践活动不同，语文学科内开展梳理与探究学习需要立足语文，强调语文课程的优化组合，使其成为有意义的整体，实现综合的教育效果。紧扣语文学科特点来把握综合性特征，需要注意以下两个方面的要求。

（1）以语文基本目标为核心，综合实现学习目标。

梳理与探究是三个维度目标的综合，是听、说、读、写四个能力目标的综合，也是跨领域学习目标的综合。设计综合的学习目标，旨在促进学生综合素养的形成，使学生的知、情、意、行和谐统一地发展。

梳理与探究应落脚在语文基本目标上，尤其是跨领域的梳理与探究。如“环境保护”这一主题，在科学、数学、语文等不同学科里都有所体现，但在小学语文梳理与探究活动中，教师不宜聚焦在对学生的环境保护知识和环保意识的培养上，而应着力于全面培养学生的语文素养，在活动中充实语文知识，提升学生应用语文的能力。当然，在这个过程中，学生可能会增强环保意识或对环保知识感兴趣，这是梳理与探究多功能的体现，但不是核心。因此，在设计学习活动时，语文的目标必须是明确的，应以语文基本目标为核心，实现教育效益的最大化。

（2）以提高语文素养为目的，实现内容的综合。

梳理与探究的内容非常丰富，有识字与写字、阅读与鉴赏、表达与交流三个方面学习内容的综合，有从书本知识延伸到生活实践的综合，也有语文学科和其他课程的综合。学习内容丰富多彩，但不能是“大杂烩”式的简单

---

① 张向华．走近“虫”字家族：语文综合性学习片段［J］．小学教学参考，2012（10）：76－77.

组合。教师在设计时，应考虑整合学习内容，提高学生的语文素养。这就需要以提高语文素养为目的，整合学习内容，实现语文素养的提高。

例如以“桥”为题开展梳理与探究活动，在设计时，教师如果将学习内容定位在“认识桥、研究桥”上，让学生了解桥的发展，了解古今中外的名桥，那么这里的综合就是零碎的综合。语文梳理与探究活动设置的目的是搭建一个平台，引导学生在活动中学语文、用语文，提高语文素养。以“桥”为例，教师在内容选择上可以以一个有意义的语文问题为线索，开展跨领域的学习活动；也可以从“桥”这个字的结构和词义的发展入手，阅读或诵读有关桥的一些重要文本（可以是桥梁建筑科普读物，也可以是以“桥”为题的文学作品），了解桥的现实意义和文化意义，由“有形的桥”联想到“无形的桥”，再以“桥”为题进行表达交流。这样的整合是有序的、系统的，有助于学生获得对语文知识和社会生活的整体认识，提高综合运用语文的能力。

三、注重合作，突出主体性

《义务教育语文课程标准（2022 年版）》在“评价建议”中指出，“关注学生在活动中表现出来的沟通、合作和创新能力”，“要充分尊重学生的主体地位，关注学生在兴趣、能力和学习基础等方面的个体差异”，将主体性与合作性结合起来。

梳理与探究强调合作，不仅是人才培养的需要，还是梳理与探究的特殊需要。梳理与探究本身是复杂的、综合的，这决定了它在组织形态方面的合作性特点。在实施过程中，需要学生之间、师生之间、校内与校外之间的相互合作，仅靠个人的力量是无法解决复杂的梳理与探究问题的。

六年级上册以“奋斗的历程”为主题的梳理与探究活动就是一个较大的选题，有一定难度，历史跨度大，学习内容涉及自我、家庭、社会生活，每一个分项内容都需要学生有目的地搜集资料，共同讨论，运用语文知识提出解决的办法。这就需要师生之间合作，学生在教师的支援下完成分组和活动前准备；也需要学生之间合作，包括小组之间和小组内部的分工合作，如搜集改革开放和新时代诗词，制作请柬；最终共同开展阅读分享会。教师给学生营造了一个合作学习的场景，使得学生收获更多来自其他成员的信息刺激，包括学习材料、情感态度与思维方法等，通过相互合作来共同完成复杂的学习任务。值得一提的是，小学语文梳理与探究强调合作，但不因此弱化每一个学生的主体性，相反，它要求将自主意识和合作精神统一起来，相辅相成。

（1）以主体性为前提开展合作。

主体性学习是合作的前提。没有主体性学习，就谈不上合作，只能是人云亦云、以书为上。

在学习活动中，每一个个体都是重要的成员，各自起到不同的作用。如果教师没有充分调动每一个学生的主体性，那么，这种合作就会变成少部分人的大包大揽，合作也失去了它的意义。因此，在学生合作之前，教师需要按照兴趣和能力差异对学生进行分组，体现互助性、互补性原则，让每一个学生都能发挥各自的优势。活动开展时，教师要注重合作精神的培养，引导学生懂得互相尊重、互相信任、互相支持、分工合作，共同承担责任。

（2）在合作的氛围中发挥主体作用。

有效的合作能营造一个良好的氛围，更有利于发挥每个学生的主体作用。学生参与的兴趣和热情会互相影响，达到一个良好状态，产生主动发现问题、主动探究的动力。而缺乏独立性和创造性的学生，由于合作学习中明确的任务驱动，也将尝试学习独立思考，当众演讲或辩论，培养起敢于发表独立见解的信心；在创新点子的碰撞下，学生被激发出创作的火花，使得自我的独立性和创造性得到升华，从而出色地完成梳理与探究的学习任务。有效的合作并不会埋没个性，反而更有利于主体性的发挥。

因此，在设计小学语文梳理与探究活动时，教师需要考虑如何既强调合作性，又突出学生主体性，把培养学生的自主意识和合作精神统一起来。

四、注重开放，突出实践性

《义务教育语文课程标准（2022 年版）》在“教学建议”中指出，要创设真实而富有意义的学习情境，并积极利用网络资源平台拓展学习空间。梳理与探究之所以强调开放性，就是要避免过去过分强调语文知识，把学生框定在教科书和课堂中，死守教科书的倾向。强调开放性，就是要把语文学习融入生活，在生活中学语文、用语文。当语文学习面向生活开放时，学生将进入一个广阔的学习天地，灵活地学语文、用语文。开放性使语文学习活了起来，使得小学语文梳理与探究更富有弹性和发展性。

在梳理与探究中，开放性主要体现在以下三个方面。

（1）学习内容的开放。

梳理与探究为地方、学校和教师开发、选择提供了空间，鼓励利用蕴藏在各地区的自然、社会、人文等多种课程资源。走出教科书这本“小书”，走进社会生活这本“大书”，学生会发现语文学习资源更为丰富，也更为鲜活。梳理与探究还允许根据学生的不同学习兴趣和发展需要重新组织学习内容，而选择适合学生实际需要的学习内容也更能保证梳理与探究活动的有效实施。

（2）学习时空的开放。

梳理与探究打破了课堂教学的时空限制，允许学生根据内容的复杂性灵活安排学习时间、空间。学习时间可长可短，学习空间可以扩展到教室外和校外。开放的学习时空既解放了学生，也开拓了他们的心理空间，使他们可以认认真真、自由、透彻地学习与体验。有位学生在“春天的发现”这一专题中选择以“春雨”作为研究对象。本是多雨的季节，却碰上天公不作美，一连十天的艳阳高照。还好他坚持了下来，终于在一天夜里等来了一场春雨。在这次活动中，他一共写了十八篇观察日记，组成关于春雨的追踪报道。若不是开放的学习时空，该生也不会有这样沉甸甸的收获。

（3）成果呈现的开放。

成果呈现的开放性包含以下两层意思。一是呈现形式的开放性。采取开放的形式并不是为了制造收获丰富的假象，而是要给予学生自主的选择权，可以采用一种形式来总结学习成果，也允许多种形式综合呈现。二是学习结论的开放性。学习成果没有标准答案，在探究过程中，学生既可能形成统一的认识，也可能保留多种意见；可能形成完整的结论，也可能留下探究的空间。

这里首先需要明确一点，强调开放，是为了突出实践性，在广阔、自由的学习空间里学语文、用语文，切不可搞形式主义的热闹场面，应将实践性放在首位，在“实践”二字上下功夫，通过开放、宽松的学习环境的营造，切实提高学生的实践能力。根据《义务教育语文课程标准（2022 年版）》，梳理与探究是以语义学习为主线，以学习任务群为载体，以真实任务为导向，引导学生在运用国家通用语言文字的过程中，实现语文核心素养的提升。具体地说，梳理与探究总目标就是在语文学习过程中，发展个性，培养创新精神和合作精神，逐步形成积极的人生态度和正确的世界观、价值观，养成良好的语文学习习惯，初步掌握学习语文的基本方法；在发展语言能力的同时，发展思维能力、人际交往能力、搜集信息能力、组织策划能力等综合应用能力；能主动进行探究性学习，激发想象力和创造潜能，在实践中学习和运用语文。

其次，教师应该注意到语文的实践活动包括生活、工作和学习中的听说读写活动和文学活动。强调开放，就不能把观察、调查、访问等户外实践活动当作唯一形式，还需要考虑在学习中渗透，在日常教学中培养学生学语文、用语文的意识和习惯。

第二节 梳理与探究教学的方法

一、搭建有效的学习支架，重视知识的自主建构

第一学段，要认识汉字1 600个左右，虽然低年级学生识字量少，但是汉字的象形、会意、形声等构字方法都向学生暗示着汉字内在的特点。通过梳理与探究，借助汉字的结构特点，帮助学生建立音、形、义之间的联系，让学生自主建构识字系统，激发识字热情，提高识字效率，加深对汉字文化的理解，增强文化自信。

一年级下册《操场上》一课要认十二个生字，其中“操、拔、拍”三个生字中都有提手旁，“跑、踢”都含有足字旁。教学时，教师可让学生先圈一圈，找找本课要学的生字中有哪些相同的偏旁，读读课文，想想每个字的意思，借助课文，初步感知同一偏旁的生字音、形、义之间的关系；然后，让学生根据偏旁，结合字形，通过编顺口溜等方式完成准确识记。课后，教师让学生继续探究还有哪些带提手旁、足字旁的汉字，怎么理解它的字义。让学生在识记生字的过程中，掌握形声字形旁表义的规律，并在今后的识字中能迁移运用。

二、创设真实的主题情境，凸显知识的学习意义

生活是语文学习的土壤和根基，在真实的生活和学习情境中展开学习，可让梳理与探究学习生动鲜活，充满吸引力。三年级上册第一单元以“学校生活”作为大情境，教学《大青树下的小学》《花的学校》《不懂就要问》等课文时，教师可以以“创建校园小相册”作为其中一个学习任务，引导学生收集课文和生活中的校园场景的名称以及描写校园及校园生活的词语，在梳理、整合的基础上，尝试运用这些词语，表达出自己对校园生活的喜爱之情。

每到期末，教师可以引导学生对本学期所学的字词进行梳理与归类，对于每学期积累的大量词语，设计建立一个“词语小宝库”，让学生搜集、整理之前所学习的新鲜词语、成语、韵语，给词语分门别类地建一个“家”，创造属于自己的“词语小宝库”。

三、设计开放的实践任务，促进能力的个性提升

开放的实践任务是引领学生主动、个性化地“梳理与探究”的关键。要完成五年级下册《金字塔》一课的学习任务，依靠学生仅有的知识储备是不够的，本课由连续性文本和非连续性文本结合而成，教师可以用连贯的实践活动串联整个学习过程，重点放在培养学生整理资料、运用资料的关键能力上。

首先，指导学生有目的地搜集金字塔相关资料，如历史背景、基本现状等，把资料来源记录下来。其次，根据要介绍的关于金字塔的内容，分类整理、筛选资料。如果资料不够完善，可以继续搜集、补充。最后，将整理后的资料用自己的话写下来，可以引用别人的话，还可以使用图片、表格等辅助形式来介绍金字塔。这些实践性活动明确了梳理的要求，给出了梳理的路径，让学生在资料的综合运用中实现知识和技能的融会贯通。

此外，还可以在期末引导学生从多个角度对本学期课文进行梳理，如根据课文的内容或阅读、表达的方法进行梳理，对整册教材的知识点和能力点进行梳理。这些有主题的系列实践活动，促使学生认识到知识模块之间的内在联系，从而在头脑中建构起完整的知识体系。

四、提供多样的学习模式，注重思维的认知创生

小学生学习经验不足，掌握的学习方法也较少，他们开展梳理与探究时，教师需要根据不同的目标指向，提供相应的学习模式。

（一）围绕学段的特点进行梳理与探究

低年级学生学习汉字，往往按教材随文识记、积累。学了一段时间后，教师告知学生，本次梳理的是含有哪几个偏旁的汉字，从生字到词语，从词语到场景，学生自行组织语言表达。

学生根据汉字的结构特点，自主梳理学过的字，通过观察字形，体会汉字部件之间的关系，归类整理同偏旁、同结构的汉字。这样有利于学生准确记忆字形，明确字义，从而达成对汉字文化的理解和认同。

（二）结合生活实际进行梳理与探究

自然和生活是儿童最广阔的学习场所。在大自然和生活场景中，学生会

发现各种有趣甚至奇怪的现象，并被它们所吸引。教师要引导学生将其记录下来，进行归类梳理，自觉地搜集和这些现象相关的知识，探究这些现象背后的原因，最后形成自己的观点，把探究的成果用图、文等多种方式表达出来。学了二年级上册《植物妈妈有办法》后，学生发现，除了课文里提到的三种方式，植物还有很多传播种子的方法，比如水力传播、鸟类传播、哺乳动物传播等。教师可让学生根据自己的发现，进一步去探究现象背后的原因，并进行交流分享。经过梳理探究，学生增长的不仅是知识，还有生活的智慧。

（三）根据问题，运用思维工具进行梳理与探究

小学生对自然、对身边的事物充满好奇。课文是学生探究自然、探究世界的引线。他们会借由课文中的话题、感兴趣的内容，对想继续了解的问题进行深入探究，并尝试在生活中对探究结果加以运用。因此在教学过程中，教师要提供合适的脚手架，交给学生多种整理信息的方法和呈现梳理成果的工具。如“记笔记”是对关键信息的提取与强调；“列大纲”是对信息组织结构的提炼；“写脚本”是对信息流程与步骤的梳理；“绘制思维导图”则是建立内在联系与逻辑关系的思维工具。课堂上，教师要鼓励学生利用这些思维工具，对自己所学的知识与资源进行整理、归类与提炼，生成个性化的学习路径。

五、注重成果的多元评价，发挥评价的导向作用

教师在评价过程和结果时，要注意发现学生在梳理与探究方面的特点与问题，针对不同学生的学习基础、学习能力、学习态度、学习习惯，给予不同的评价。要通过指向清晰的多元性评价，对学生在梳理与探究过程中的学习情况进行及时反馈，提出针对性的指导意见，使学生的学习增值。

（一）评价视角要多维

评价的视角要和“梳理与探究”学习活动的预设目标相匹配，贯穿学习的全过程，包含对知识、方法掌握程度的评价，对学习态度和情感的评价等。重点关注以下三个方面：评价任务的渐进性，关注思维的梯度发展；评价任务的持续性，关注认知的前后关联；评价任务的协同性，关注团队的合作意识。

（二）评价方式要丰富

梳理与探究具体的学习效果要结合表现性评价、纸笔测试等多种形式进行综合测评。学生在真实的学习任务中完成的作品、研究报告等学习成果都是实施表现性评价的重要依据。另外，还可以结合纸笔测试，了解学生在积累运用、阅读、表达等方面的综合素养。

（三）评价主体要开放

除了学生的自我评价，还可邀请同学、教师甚至家长参与评价。这些人可以成为鼓励者、帮助者。学生在完成探究性活动后，可通过自我评价、他人评价、教师评价等多种方式进行评价。学生在评价中学习，在学习中评价，不断审视自己的学习状态和学习过程，在自主建构中成长，不断发展学习能力、实践能力等。

总之，梳理与探究是一个新事物，有着独特的价值与体系。教师在教学实践中需要不断思考、完善，在六大语文学习任务群中予以有机落实，充分发挥其不可替代的育人作用，全面提升学生的核心素养。

第三节　教学设计及案例分析

案例

四年级语文梳理与探究“成长的故事”活动设计[①]

【活动目标】

（1）通过阅读、访问、写信等综合性活动，了解伟人、名人的故事，学习其坚韧不拔的精神，树立正确的世界观、人生观、价值观。

（2）通过讲故事、写文章、编短剧、办手抄报等活动形式，增强信息资料处理能力。

【活动方法】

阅读交流、访问调查、表演展示。

---

① 岳强，王梅，赵晓霞，等. 小学语文课程与教学［M］. 镇江：江苏大学出版社，2021：197.

【活动时间】

20××年×月。

【活动安排】

第一周：教师对梳理与探究活动的开展进行指导。

第二周：学生分组，开始开展梳理与探究活动。

第三周：学生进行资料处理，并准备展示。

第四周：开展梳理与探究活动的成果展示。

【活动过程】

【第一周是“战略部署”阶段】

一、活动指导（第一周）

（一）指导阅读，明确内容

引导学生阅读教材中的指导性文字，明确本次梳理与探究活动的内容。

（1）自读，划一划重点词。

（2）交流，说一说自读情况。

（3）点拨。

①活动内容：伟人、名人的成长故事，或者小伙伴、亲人的成长故事……

②活动方法：阅读有关书籍、访问相关人物、给相关人物写信……

③展示形式：讲故事、写文章、编短剧、办手抄报、制作 PPT……

（二）组织分组，制订计划

（1）组织学生分组：将全班学生分成七组，选出活动小组长。

（2）指导制订计划：提醒学生安排好活动时间、活动地点、活动内容。

【第二、第三周是准备“粮草”的过程】

二、学生活动（第二、第三周）

（一）学生按计划分组开展活动、收集资料。

（二）学生搜集、整理活动资料，准备展示。

【第四周是展示汇报阶段】

三、活动展示（第四周）

（一）展示课

（1）讲故事活动：请准备故事的学生讲讲名人、亲人、朋友的成长故事。

（2）演短剧活动：请准备课本剧的学生演一演名人、亲人、朋友的成长故事。

（3）小报展示：开展一次小报展示。

（二）展览会

（1）小报展：将学生制作的小报进行张贴，供大家阅览、欣赏。

（2）文章展：将学生写的自我成长文章进行张贴，供大家阅读、了解。

（3）电子展：将学生做好的电子小报或 PPT 演示稿输入电视终端，供学生点击、阅览。

（三）评比活动

通过展示活动，采用同伴互评的形式，评选出活动积极分子、优秀展示作品，颁发小贺信。

综合点评

梳理与探究是语文学习的重要组成部分。它的综合性表现为学习过程的综合性——学生综合运用已有知识解决新的问题；表现为学习方式的综合性——搜集材料、阅读整理、组内合作等，学习方式丰富多样；表现为学习成果展示形式的综合性——绘画、影像、习作表演等，展示平台异彩纷呈。

在梳理与探究活动中，教师该如何发挥自己的主导作用，既不能管得太多，也不能管得太死。学生该如何充分展示自己的主体地位，既不能漫无边际，也不能无章无法、盲目实践。在上述活动设计中，这些问题得到了很好的解决。第一周是"战略部署"阶段，教师要在激发学生参与热情的同时，充分发挥主导作用，带领学生明确这场"战斗"的任务。第二、三周是"粮草"准备阶段，"粮草"就是学生搜集、整理的资料，在这一过程中，要体现学生的主体地位，充分调动学生自主学习的热情，让他们自己去探究。

拓展阅读

周珊珊. 启智润心 因材施教：大力弘扬教育家精神［N］. 人民日报，2023－09－22（4）.

第八章　小学语文课程与教学评价

第一节　小学语文课程评价

一、小学语文课程评价的内容

新一轮课程改革倡导“立足过程，促进发展”的课程评价，这不仅是评价体系的变革，更重要的是评价理念、评价方法与手段以及评价实施过程的转变。语文课程评价是多元的，既有教师评价，也有学生评价和教学评价。新课程强调构建促进学生全面发展、教师不断提高和课程不断发展的评价体系，在综合评价的基础上，更关注个体的进步和多方面的发展潜能。

（一）教师评价

教师评价强调教师对自己教学行为的分析与反思，使教师自己从评价中获得信息，不断提高教学水平。这里要注意，教师评价不是简单地判定谁是“优秀教师”，谁“合格”或“达标”，而是和其他教师一起来分析自己工作中的成绩和不足，提出改进计划，促进教师自身的进步和发展。其实，一位优秀的教师总是在不断地丰富和提高自己。

（二）学生评价

建立促进学生全面发展的评价体系是学生评价工作的基础。评价的目的是促进学生全面发展，这不仅要关注学生获得知识和技能的情况，更要关注学生学习的过程、方法，以及相应的情感态度和价值观等方面的发展。正确的学生评价注重对道德品质、学习能力、创新意识等方面的评价，有利于培养新型人才，使他们具有丰富的思想感情、良好的道德品质、健康的人性、健全的人格。

（三）教学评价

语文教学评价除了对教学过程中教师的“教”和学生的“学”进行评价外，还应该多方面、多层次、多方式对教学进行评价，如创建由校长、教师、家长、学生共同参与的教学评价方式，这也是新课程标准中教学评价的重要内容。具体来说，教学评价包括对教学程度、教学目标、教学过程、教学方法、教学效果、学生学习成绩等的评价，教学评价的有效实施可以达到以评促教、以教促学、教学相长的效果。

二、小学语文课程评价的基本理念

理念是行动的先导，评价理念决定着评价的方式和方法的选择。

（一）评价的目的是促进学生的发展

《义务教育语文课程标准（2022 年版）》指出：“义务教育语文课程评价要有利于促进学生学习，改进教师教学并全面落实语文课程目标。”

小学生是发展中的人，具有很强的可塑性。小学语文课程评价主要不是为了甄别优劣，而是对学生的学习情况进行诊断，发现不足，促进学生学习效率的提高，其根本目的是促进学生的全面发展。因此，无论是评价主体和评价标准的确定，还是评价内容和评价方法的选择，都要有利于学生的发展。小学生语文课程评价既要遵循学生的心理发展规律，适应不同学段学生的知识和能力发展水平，又要尊重学生的个体差异。

小学语文课程评价应注意以下三点要求。

第一，评价的全面性。语文课程评价既要对学生语文知识的掌握情况与能力的培养情况进行评价，又要对学生语文学习的过程与方法进行评价，还要对学生语文学习中的情感态度与价值观进行评价。只有这样，教师才能全面了解学生，为学生的进一步发展制订有针对性的学习方案。

第二，评价的发展性。语文课程评价不应是静态的，不能只反映学生当前各个方面所达到的水平，而应是动态的，关注学生的学习过程与进步，让学生体验到进步和成功的快乐，从而增加自我效能感，提高学习语文的积极性。

第三，评价的多元性。学生之间的个别差异是客观存在的，语文课程评价的标准不能过于单一，否则，就可能造成部分学生受挫，导致他们丧失对语文学习的兴趣。只有评价标准多元化，才能使具有不同优势领域的学生都有表现的机会，都能体验到成功的快乐，才能激发他们继续努力学习语文的热情。

（二）突出语文课程评价的整体性和综合性

就语文的课程性质而言，语文是一门学习语言文字运用的综合性、实践性课程。《义务教育语文课程标准（2022 年版）》指出：“倡导课程评价的过程性和整体性，重视评价的导向作用。”

语文课程评价包括对识字与写字、阅读与鉴赏、表达与交流、梳理与探究教学的评价，此外还应包括课堂参与程度的评价、学习习惯的评价、学习方法的评价、学生对课文作者思想感情的理解与体会，以及学生对社会规则和主流价值观的内化等。总之，语文课程评价应综合考虑评价的内容和目标，不宜过分强调某一方面而忽视其他内容。

（三）形成性评价与终结性评价相结合，突出形成性评价

不同的评价形式有不同的功能。形成性评价通常是在教学过程中实施的，一般是由学生完成一些与教学活动密切相关的测验，也可以让学生对自己的学习状况进行自我评价，或者依据教师的日常观察记录，或者与学生面谈等方式完成。它关注学生学习的过程，有利于及时提出问题、及时反馈、及时改进教与学的活动。

终结性评价通常是在一门课程或教学活动（如一个单元、章节、科目或学期）结束后进行的，是对一个完整的教学过程进行测定。它主要关注学生学习的结果，关注学生达到教学目标的程度，有利于对教学活动做出总结性的结论。

这两种评价对语文学习而言都是必要的，应充分发挥它们的功能，促进学生的发展。但在评价实践中应突出形成性评价，注意收集、积累能够反映学生语文学习与发展的资料，可采用成长档案袋评价等各种方式，记录学生的成长过程。对学生语文学习的日常表现，教师应以表扬、鼓励等积极的评价为主，采用激励性的评语，从正面加以引导。例如，根据不同的主题，如听说读写，或知识、能力、习惯、态度等，分别建立成长档案袋，收集学生在不同方面的表现，记录学生的点滴进步。

（四）定量评价与定性评价相结合，重视定性评价

定量评价方法是通过把评价指标量化，并采用模型和数学统计方法对评价对象做出数量的价值判断的方法。定性评价是指运用非数学的方法收集资

料，并采用除数值以外的形式，如文字、图片、音像等呈现资料的一种评价方式。两种评价方式各有优缺点。定量评价客观、精确，可以运用统计软件对收集的资料进行统计与分析。但是，学生的学业成绩难以完全量化。例如，学生学习语文的情感态度与价值观很难准确量化。而且，定量观察获得的资料往往忽视具体的情境，只是对预定的评价指标进行量化记录，具有一定的片面性。定性评价注重整体性、情境性和开放性，它能详细描述学生学习的过程，尤其是能够获取情境性的资料，更贴近学生学习的真实状态。但是，定性评价获取资料的方式往往是非正式的，容易受评价者的主观影响，而且资料的收集和分析处理费时费力，评价的工作量大。此外，定量评价与定性评价的适用范围也有所不同，定量评价更适合目标评价，定性评价则更适合目标游离评价。

正因为如此，语文课程评价要强调定量评价与定性评价相结合，在定量评价的基础上加强定性分析，这样才能全面反映学生语文学习的状态及水平。评价方法除了纸笔测试以外，还有平时的行为观察与记录、问卷调查、面谈等。语文学习具有重情感体验和感悟的特点，更应重视定性评价。学校和教师要对学生的成长记录和考试结果进行分析，评价结果的呈现方式除了等级或分数以外，还可用代表性的事实客观描述学生语文学习的进步，并提出建议。

（五）突出评价的对话性，加强学生自我评价和相互评价

传统教学评价中评价主体比较单一，主要是教师对学生进行评价。学生处于被评价的位置，评价主体与评价对象之间缺乏必要的沟通和对话，评价对象对评价有自我防御心理和排斥心理，评价主体较难收集到客观、真实且具有代表性意义的行为样本。即使评价能如期完成，如果评价对象对评价结果的认可度低，也难以有效促进评价对象的进一步发展。《义务教育语文课程标准（2022 年版）》强调："过程性评价应发挥多元评价主体的积极作用。教师应为不同年级学生和不同学习内容选择恰当的评价方式，采用有针对性的评价工具。要充分尊重学生的主体地位，关注学生在兴趣、能力和学习基础等方面的个体差异，引导学生开展自我评价和相互评价。鼓励学校管理人员、班主任、家长参与过程性评价，通过多主体、多角度的评价反馈，帮助学生处理好语文学习和个人成长的关系，发掘自身潜能，学会自我反思和自我管理。"

根据《义务教育语文课程标准（2022 年版）》的精神，在语文课程评价中，首先，应注意评价主体的多元化，让学生及其家长、社区人员和专业人

员参与评价。不同主体看问题的视角不同，能看到评价对象的不同方面，因而能够更加全面地评价学生的语文学习。其次，应注意不同评价主体之间的沟通与对话，特别是重视评价对象的参与。语文课程评价应该是一个对评价对象充满人文关怀、充满同情与理解的过程，允许评价对象参与评价标准的确定、评价内容的选择和评价结果的解释等。① 因此，评价主体要向评价对象说明评价的目的、意义、内容和具体标准，力求获得评价对象的理解和支持，同时，还要注意倾听评价对象的解释。

再次，应加强学生自我评价和相互评价。学生自我评价是指学生针对自己的课业学习和身心发展状况，按照自我认同的评价标准，进行观察、诊断、分析和判断，并从中找出优点和缺点，以便明确今后努力方向的自我教育活动。② 自我教育无论是对学生今天的语文学习，还是对学生今后的职业生涯，都是非常重要的，它甚至决定着个体学习的进步和工作的成败。学生自我评价对于帮助学生建立正确的自我意识，形成正向的自我激励和主动的自我调节能力等有重要的意义。学生相互评价是以学生群体互动为基础的一种学习形式。例如，在一位学生朗读课文之后，教师可以让其他同学对其进行评价。学生互评对于帮助学生形成正确的自我意识，促进学生社会性发展和人格发展有重要的意义。

（六） 评价内容与时俱进，紧扣核心素养

在时代发展的过程中，随着社会对新型人才需求的增长，我国教育教学活动的展开必须紧扣学生核心素养的培养。课程评价作为对教学目标、教学效果、教学过程的重要判断方式，是教师教学质量、学生学习效果的直接反映。作为新时代学生培养的重要指挥棒，小学语文课程评价必须结合小学生核心素养的培养情况展开。小学语文识字与写字、阅读与鉴赏、表达与交流、理解与探究等均是为了促进学生核心素养的培养。这四大板块围绕文化基础、自主发展、社会参与三个宏观的方向，针对相应的阶段，提出了具体的培养要求。而为了满足语文教学的要求和学生发展的需要，四大板块的课程评价必须制定与时俱进的评价指标和内容。

（七） 评价指标详细具体，具有可操作性

小学语文教学内容丰富多样，形式复杂，因此，要做好小学语文课程评

---

① 丁朝蓬. 新课程评价的理念与方法 [M]. 北京：人民教育出版社，2003：64.

② 蔡敏. 当代学生课业评价 [M]. 上海：上海教育出版社，2006：212.

价，必须制定详细的评价指标。根据识字与写字、阅读与鉴赏、表达与交流、梳理与探究四大板块的学情，结合现今学生培养的目标和语文课程标准，制定合适的、具体的评价指标，能够防止课程评价的空洞性和理论化。在教学过程中，每一个板块均有特定的、突出的评价指标，不可泛泛而谈，也不可眉毛胡子一把抓。比如，识字与写字的评价应该侧重学生识字能力和对汉字情感的评价；阅读与鉴赏评价应该侧重学生信息搜集能力和语境理解能力的评价；表达与交流评价应该注重学生写作表达能力的评价等。

在一线教学中，教师的模块教学评价往往比较含糊和抽象，即使是从积极方面引导，也缺乏详细的指标。例如，在口头评价时，教师常用“很好”“很棒”“完全正确”“好样的”等词语对学生的学习效果进行评价，没有设定具体的评价内容，使得评价大众化，对学生学习和教师教学的指导作用较小。又如，一些书面评价呈现形式单一，人们只能看到单一的分数，无法全面把握学生的学习状况和教师的教学效果。因此，制定详细的评价指标，科学构建小学语文课程评价指标体系，促进小学语文教学良性发展非常必要。

第二节　小学语文课堂教学评价

一、 小学语文课堂教学评价的基本原则

第一，客观性原则。教师在展开课堂教学评价的过程中，必须在把握客观事实的条件下设定评价标准、评价方法并形成评价结果，避免掺杂教师的主观臆断，保证评价具有客观性。实践中，要求相关教师围绕学生实际情况与课堂表现作出评价，不能有夸大学生的行为。

第二，整体性原则。从多角度入手，对学生在课堂中的行为表现做出全方位的评价，避免以点概面、以偏概全，尽可能综合定性评价与定量评价、过程评价与结果评价，从而达到更好强化学生语文学习能力、核心素养的效果。

第三，指导性原则。在语文课堂教学评价实践中，教师应当结合评价与指导，让学生明确自己的优势、不足，同时为学生优化发展方向，促进学生持续性进步。此时，相关教师在教学评价的同时，应向学生提供具体的启发性信息反馈，促使学生掌握后续努力方向。

第四，科学性原则。应当从教与学相统一的角度展开课堂教学评价；应用科学、多样的方法手段完成教学评价，保证评价结果具有价值性与指导

性，能够强化学生的学习自信心、学习能力水平，促进小学语文课堂教学的总体性升级。

二、 小学语文课堂教学评价的基本策略

（一） 树立课改理念， 体现课改的时代性

小学语文教师首先要树立正确的评价观念，要充分明确语文课堂教学评价的重要性，依据教学目标确定评价内容和标准，组织引导学生完成评价活动，以评促教，以评促学，实现“教—学—评”一体化。小学语文是一门人文型科目，是小学阶段学生接受人文教育的主要途径之一，在教学和评价过程中，教师要以立德树人为根本，以提升学生的语文核心素养为理念，充分把握小学阶段学生的学习特点，优化教学过程，为学生提供个性化、全面化的课堂教学评价标准，促进学生全面发展。

（二） 以人为本， 体现评价的发展性

基于新课程标准的语文课堂教学评价要凸显学生的课堂主体地位，即以人为本，注重通过教学评价来发展小学生的个性，尊重小学生的人格、想法，通过科学、客观的教学评价，使学生形成良好的品德修养。教师可通过倾听了解学生的学习需求，从而反思教学行为，改进教学活动。学生在被倾听中感受到自己被尊重、被认可，这样既拉近师生之间的距离，也有利于营造和谐的课堂氛围。

《揠苗助长》这则寓言故事看似好笑，但是背后蕴含的道理却发人深思：事物发展均有自身的客观规律，我们不能为了急于求成而违背这一客观规律，否则会导致严重的后果。事实上，这篇文章所反映的现象在现实生活中也存在一定的映照，有的小学生反映，教师也有揠苗助长的行为。学生进一步解释：“现在我们作业特别多，学习任务比较重，学习不快乐。”学生有这样的看法，说明他在认真思考寓言故事背后蕴含的内容。教师在充分肯定学生的同时，还应该予以引导，并完善教学，通过实际行动接纳学生的意见或建议，充分尊重学生的反馈，积极响应学生的思考，学生也会受到鼓舞，实现核心素养的提升。

当学生的回答出现错误时，我们要一分为二地分析问题，用发展的眼光看待他们，既要指出他们的问题，又要肯定他们的进步。这样能给予学生适当的心理暗示，让他们树立自信心，自我改进。

在教学《荷花》时，教师让学生说说这篇作品的结构特点，找出有哪些地方是作者独具匠心之处。某学生因为准备不充分，且比较胆小，所以说话支支吾吾，表达也缺乏系统性。此时教师没有用粗暴的话语批评该学生，而是用真诚的语言和和蔼的态度传递信息："其实你说得很好，基本上抓住了要点。但是你说得比较轻柔，大家都没有听见，而且，如果能整理一下思路再回答，大家就能更好地理解你表达的内容了。"教师用"轻柔"来形容该学生的声音，而且明确表达态度，要求其整理思路后再回答。这样不仅和蔼亲切，而且提出了明确的要求。

"以生为本"的教学评价还要求教师科学把握教学评价的度，偏高的教学评价对基础较弱的学生会有一定的消极影响，会让他们盲目自大，而偏低的教学评价又不能激发基础较好的学生的学习热情。特别是面对学生的独特见解，教师首先要给予学生正面的肯定，同时适当地引导学生，将自己正确的观点传递给学生，这不仅有利于实现知识的双向传输，还能培养学生独立思考的能力，同时使学生语文学习充满趣味性，对提高学生的核心素养、促进学生的发展和进步有积极的意义。

《司马光》这篇课文主要讲述的是，小时候的司马光遇到同伴落入水缸后用石头砸破水缸救人的故事，这一故事充分展现了司马光小时候的智慧。但是在对这篇文章开展学习的时候，一些学生的理解却存在不同，他们反问老师："为什么小朋友捉迷藏的地方会有水缸呢？这样是不是太危险了？即使有水缸，为什么水缸里有很多水呢？"对于学生的思考，教师首先要给予鼓励，同时适当地引导学生了解故事的历史背景，将自己正确的观点传递给学生。

语文课堂是小学生感悟课文内容文学特色、艺术成就和教育滋养的信息积累平台，也是展示小学生主观能动性和生命认知潜能的表现舞台。因此，教师应积极践行"以人为本"的理念，对语文教学过程中的诸多活动环节进行深度剖析和科学评价，自觉反思语文教学的人文性、主体性、体验性与实效性，切实将语文教学打造成为充满生命律动、闪现认知灵感的开放式人文课堂。

（三）关注评价目标，体现评价的有效性

语文课堂教学评价与教学目标的达成有着密切的关系，准确而恰当的评价可以更好地促进教学目标的达成。但部分语文教师的课堂教学评价却背离了教学目标，致使语文教学失去了原有的本质属性。

在教学《黄继光》一课时，有位教师在教学"他张开双臂，向喷射着

火舌的火力点猛扑上去，用自己的胸膛堵住了敌人的枪口”这句话时，先让学生读句子，并想一想从中读懂了什么。在交流时，第一个学生说：“黄继光是一位为了革命事业勇于献身的英雄。”第二个学生说：“我要向黄继光学习，学习他的精神。”而第三个学生却说：“我觉得黄继光很傻，不一定要牺牲自己，可以找根木棍将炸药包堵在洞口，既可以炸掉敌人的火力点，又能保护好自己……”可以肯定地说，这个学生的说法是错误的，违背了文章的中心主旨。可是这位教师却这样评价：“你的思维很独特，老师欣赏你。其他同学还有想说的吗?”教师话音刚落，又有好多学生站起来发言：“老师，我还有其他更好的办法……”于是，教师开始引导学生细说各种逃生办法，课堂热闹非凡。

教师的评价应该为教学目标服务。《黄继光》这篇课文的教学，至少应该达成两个核心目标：一是从黄继光的语言、动作等描写中感受黄继光为了革命的胜利勇于牺牲自己的高尚品质；二是学习从语言描写、动作描写等方面写出人物特点的方法。在教学过程中，当学生的观点出现偏差时，教师的评价应该坚持正面导向。这位教师可以改成：“同学们，你们觉得这个同学的观点正确吗？为什么?”并借此机会，紧扣关键字眼，引导学生去感悟人物的精神品质，通过领会“张开”“猛扑”“堵住”等一系列动作，体会黄继光为了战友而奋不顾身的英雄壮举。

在指导朗读时，教师要求学生有感情地朗读某个自然段，却在每一个学生读完后都说“很好”“真棒”“真不错”这样的话。这样的评价只是流于形式，显得特别空洞。“你读得真好！大家一起鼓掌！”这样的一句评价确实肯定了学生的朗读，但是读的学生不知道自己好在哪里，听的学生不知道读的时候应该怎样读，要注意些什么，这显然是无效的评价。而“听，他不添字不漏字，声音响亮，还注意了停顿，掌握了语气，多棒呀”这样的语句评价目标明确，内容丰富，具有感染力，能够激励其他学生按照正确的方法去朗读，才是真正有效的评价。

（四）丰富评价形式，体现评价的灵动性

1. 体态用语，表情达意

教师在语文课堂教学中，可选择学生乐于接受的“语言”传递自己的欣赏、赞叹，以侧耳倾听、眼神对视等形式感染学生，这样既能提高学生的学习兴趣，又能保护学生的自尊心，建立学生的自信心。当学生正确回答问题后，可微笑点头或鼓掌肯定；当学生给出的答案不正确时，可轻轻示意学生坐下再想想，同时表扬学生积极发言的勇气。

学生在分角色朗读《枣核》时，扮演县官的学生仰着脖子连连哀嚎，扮演枣核的学生叉着腰哈哈大笑，"衙役们"大惊失色地上前搀扶"县官"……学生以生动、形象的动作，把单调的课文朗读变成了精彩的情景剧，读活了课文内容。在学生朗读的过程中，教者时而投给学生赞赏的目光，时而温柔地拍拍他们的肩膀……当学生朗读结束后，教者又"迫不及待"地凑上前采访："这位衙役，你刚刚皱着眉头，张大嘴巴，心里在想什么?""衙役"激动地回答："我刚才狠狠打了县官一棒，担心他报复我。"教者用夸张的表情迎合学生，表现出恍然大悟的感觉。接着又问起"枣核"："枣核，刚才那么多衙役上来围堵你，你害怕吗?""枣核"神气地把头一歪，胸有成竹地说："我早就想好如何把衙役的木棍引到县官身上了，这个不顾百姓疾苦的县官活该挨打。"教者故意张大嘴巴，露出吃惊的神色，赞赏地点头说道："你可真聪明，智惩县官，大快人心!"在接下来的过程中，学生们争先恐后地继续进行朗读表演，情绪投入得特别积极，回答问题也格外踊跃。

可见，生动的体态语言让学生获得极大的心理满足，课堂学习气氛在师生的互动中被推向高潮。

2. 动态评价，形式多样

学生是发展中的人，教师的评价也应随着学生的发展而动态变化。尊重学生的个体差异，需要采用多样化的动态评价，包括口头表扬，眼神、抚摸、微笑等肢体语言形式，"小红花"式奖励以及"红花榜"式发展性动态评价表格等。以动态评价表格为例，根据学生们的个体差异性，教师可以分别从课堂积极发言，遵守纪律、注意力集中，作业书写认真、书写习惯优秀等三个方面设计一张印有全班名字的表格，分别是"智慧星""纪律星""书写星"，将三张表格粘贴在班级的"风采展示"栏。对于在这三个方面表现优秀以及表现有进步的学生进行相应的"星星奖励"，每周评价一次，每月再进行总结性评价。学生根据自己的情况得到或者失去相应的"星星"，因此动态评价表每周都在变化，教师也能较容易地清楚每个学生的优势点和薄弱点，利于后续有针对性地展开教学和指导。

3. 诊断性评价，客观严谨

在展开教学评价时，除了启发性语言和赏识性语言外，教师还要合理运用诊断性语言。诊断是评价语言的重要功能，教师要客观地分析学生的问题，结合他们的学情特点，给予客观严谨的评价，既要尊重他们的主体地位，又要让他们认识到自己的问题所在。在学习《夏日绝句》时，教师要求学生结合项羽所处的时代背景和作者李清照的生活经历，说说作者"为什么至今思念项羽"。

有学生在回答时没有结合作者的生平进行解释，而是照搬了课辅资料上的答案。教师在发现了这一点后，进行了客观而严谨的评价，首先肯定了该学生善于搜索答案，但是也指出不能简单地复述他人的说法，而应该将他人的想法和自己的见解结合在一起。最后教师再次重申了回答该问题的关键，让学生查阅作者的生活经历，结合文本进行分析。这样的评价一针见血地说出了学生的问题所在，并给予了他再次努力、改正错误的机会，显得严谨而客观。

学者马卡连柯认为，教师要尽量尊重每一个人，尽可能地提出坚定、明确和公开的要求。在展开教学评价的过程中，教师也要充分认识到学生的错误，采用诊断性语言进行评价，让他们知道自己错在哪里，从而提高教学有效性。

4．评价多元，促进全面

基于新课标的要求，教师要积极转变评价模式，可将教师评价与学生评价、家长评价相结合，更科学地发挥评价的导向、激励作用。

学生自我评价是学生在学习过程中不断校正、提高的过程。下面是一个低年级课文朗读教学片段：

在一名学生朗读结束后，教师微笑着问他："你自己觉得读得怎么样？"学生害羞地说道："字音都读准了，句子也读通了，但是声音比较轻。""能不能再试一次？"他又读了一遍，教师又问："你觉得这次读得好吗？""这次有进步，声音响亮了，但是没有读出惊奇、高兴的语气。""说得多好啊！接下来再读一遍，语气就读出来了。"像这样，平时教师鼓励学生多做自我反思，找出自己的进步和不足，学生就能够不断地完善自己。

学生之间的互评是课堂教学评价的形式之一。在教学中，教师可积极引导学生开展生生互评，以提高学生的课堂学习效率。如在朗读课文方面，在请学生读完之后，及时地问大家"你觉得他读得怎么样""好在哪里""能不能给他提点小建议"，鼓励学生相互补充，相互促进。长此以往，学生就养成了互相评价的习惯，能够先看到别人的优点，再委婉地提出小建议。再如在指导写字方面，每次都可以安排反馈环节："写完之后同桌之间评一评，怎么评？先看占位对不对，再看笔画美不美。看看他哪个字写得好，就在旁边画上一颗星。"或者投影个别学生的字，让大家评一评："你觉得他写的字怎么样？哪些要点他做到了？哪些地方可以修改一下，让字变得更加美观？"一开始学生不太会说，在教师的鼓励与指导下，学生慢慢学会互评，如"字写得比较工整，大小合适。但是主笔还不够放，撇捺还不够舒展""字写得工整美观，但是描得不够到位"……诸如此类的学生之间的互相评价，不仅让被评价的学生认识到自己的优点与不足，找到努力的方向，还调动了大多数学生的积极性，使课堂更有活力。

在小学语文课堂教学中，教师应该给学生创造自我评价、互相评价的机会，但要注意的是，学生的自我评价内容不应该单一，而应多样化，如学习态度如何、课堂知识掌握的情况、自身有何改进的地方等，这样设计的好处在于学生能全方位地反思自己，进行深刻的反思性学习活动。学生在互相评价的时候，教师需要加以引导，不能让学生仅仅盯着别人的缺点，还要找到别人的闪光点和自己不如他人的地方，通过这样的方式提升学生评价效果。同时，教师还可根据需要，请家长和其他教师参与评价，加深对学生的全面了解，促进语文教学课堂评价。

（五）因材施教，体现评价的针对性

世界上找不到两片完全相同的树叶，我们也找不到两个完全一样的学生。每个孩子都是个性化的主体，这就需要我们教师关注、尊重每一个学生的差异，并采取不同的方式去解决教育教学中存在的问题。因而，对于不同的孩子，课堂教学的评价也应当是不同的。

在学习《荷花》一文时，老师设置互动环节："在文章中作者向我们描述了荷花不同的姿态，如果你身临其境，你会想些什么?" A 同学说："我想到了'小荷才露尖尖角，早有蜻蜓立上头'的诗句。""不错，能够联系以往古诗来分析，看来你的语文功底很扎实。" B 同学说："这么美丽的荷花，是大自然馈赠给我们的礼物，所以我们要好好爱护，爱护我们美丽的家园。""很好，想法很新颖，能够联想到环保，看来平时你是个爱护环境的好孩子。"

对于不同回答，老师的评价要充分体现出不同学生的个性，同时要富有情感，让学生在评价中感受到自身的独特，得到内心的满足，增强学习动机。同时，针对不同层次的学生，应当给予不同侧重点的评价，以体现因材施教的原则，确保不同的学生在取得进步时能获得适当的鼓励，并能在成长中得到一定的引导。

综合能力较强的学生对基础知识的掌握已经达到教学要求，同时具有良好的学习习惯，对这类学生，教师应当以鞭策评价为主，鼓励其进行知识拓展，积极开展自主性的深层次学习；对综合能力中等的学生而言，教师要根据其具体的能力进行鼓励和批评相结合的评价，激发学生的自信心，促使学生时刻保持自信状态；对综合能力较弱的学生，教师应当以更强的耐心和平和的语言，引导学生认识到自身的不足，帮助学生实现学习策略的调整，以此获得不断的进步。

也就是说，在课堂评价过程中，教师应当善于运用鼓励性和否定性相结合的评价方式。具体的评价类型可分为三种，包括"鼓励型""鼓励 + 观望

型”“矫正型”。“鼓励型”评价能营造出更融洽的氛围，充分发挥学生在学习过程中的优势与特点，通过鼓励的模式增强学生的自信，并进一步发挥其学习优势。“鼓励＋观望型”评价模式以观望的态度增强教师对学生的观察，充分发现学生的个体特点与实际的问题，再通过鼓励的方式进行引导，促进学生的成长。“矫正型”评价不仅能发现学生学习中的问题，而且能帮助其及时改进，但这个方法可能过于严厉，容易给学生造成心理压力。三种评价类型各有侧重，教师应当进行融合，在不同教学情境中发挥不同教学评价的价值，营造理想的课堂氛围。

（六）巧妙用语，体现评价的机智性

在课堂教学中，教师要通过察言观色分析学生表达的意思，进行合理评价，还要整合各种信息，并把握其中的意外信息，挖掘出创新资源。由于不同的学生都是不同的个体，他们常常会有超出教师预设的想法，因此课堂是生成性的。教师要把握课堂教学的转折点，运用巧妙的评价促进学生掌握学习重点和难点。

在教学《守株待兔》时①，教师安排学生在黑板上写出文章题目，并用思维导图的形式展现出整个故事。此时该学生将标题写成了“守‘猪’待兔”，引发了同学们大笑，该学生也很快认识到了自己的问题，显得十分尴尬。结合这个突发的状况，教师敏锐地进行了启发，引导学生说出自己还学过哪些和“猪、株”同音的汉字。在教师的鼓励下，写错字的学生陆续说出了“朱、珠、诸”等同音字，并用它们进行组词造句。教师则引导其思考汉语形声字的特点，说出哪些部分是形旁，哪些是声旁。该学生的表现十分出色，教师给予表扬，而其他同学也发现该学生知识广博，不再纠结于他偶然出现的错误。课堂生成的信息有很多，如学生突然出现的创新想法，又如他们的错误观点、课堂教学中的突发事件等，教师都可以好好把握，在尊重学生的基础上给予客观公正的评价。

在教学《坐井观天》时，一位教师是这样运用课堂评价语言的，教师问道：“同学们说说青蛙跳出井口后，它会看到什么呢？”此时，学生们思维活跃，争先发言。生 1 说：“它看到绿绿的小草，还有五颜六色的花儿。”教师顺势评价：“你的想象真丰富，多漂亮的花儿呀！”生 2 说：“它看到蓝蓝的天空一望无边，小鸟在自由自在地飞翔。”教师顺势评价：“看，小青蛙都陶醉了呢！”生 3 说：“它看到了果园里硕果累累，树上挂满了各种果子，空气

---

① 文君．小学语文课程与教学［M］．长沙：湖南师范大学出版社，2023：289.

中弥漫着香甜的气味!”教师又接着评价:“小青蛙都要流口水了呢!”这时,生4说:“它看到河面上漂满各种包装袋,河水浑浊不堪,不时还飘来一阵阵恶臭。”听了这个答案,同学们一下子炸开了锅,有嬉笑的,有疑惑的……课堂一下子变得嘈杂起来。这个场面显然在教师意料之外,但教师并没有横加指责和制止,而是适时接了下去:“我们有没有好办法留住小青蛙呢?”学生的思维马上就对接到了环境保护。

学生会出现出乎意料的答案,正是因为他对生活的体验、对生活的关注,我们不能一味地把孩子的思维禁锢在我们预设的框架中。在面对学生个性化的理解时,教师如果运用教育机智,巧妙地将生成与预设结合起来捕捉现场,因境而变,就能化险为夷。

由于小学生自我控制能力较差,容易被外界事物所干扰,在课堂上也会出现一些令人尴尬的事情。此时教师可以运用幽默诙谐的话语进行引导,起到化解尴尬、活跃气氛、委婉批评等各种不同的作用,同时,这样丰富多彩的评语内容也能让课堂变得多姿多彩。一位教师在上语文课的时候,教室里突然飞进来一只鸟,尾巴长长的,灰色和白色的羽毛相间。学生见了激动得不行,眼睛都跟着小鸟转,有的还兴奋地叫嚷,有的男同学甚至想站起来抓住它……教师只好按下课堂教学的暂停键。等学生们看得差不多了,教师微笑着问:“你们看清这只鸟了吗?认识这只鸟了吗?”学生说看清了。教师接着说:“这只鸟儿也很幸运地认识了我和你们,你们猜猜这只鸟现在的想法是什么呢?”学生就笑了。教师说:“听着小鸟的叫声,我仿佛听到了它在焦急地说,我怎么飞到这里来了?怎么飞到这里来了?我要回家,我要回家!”孩子们听教师这样一说,马上打开门窗,让鸟儿飞了出去,还挥手和它道别。最后教师趁势告诫孩子们:“孩子们,如果一些野生小动物不小心光临你们家,记住不要打扰它们,请让它们回家,因为每个生命都有自己的领地。”

(七)融合智能,体现评价的科学性

互联网信息技术快速发展,经过多年技术研究以及技术改进后,已经诞生了独具特色的互联网信息技术应用体系。教师可以合理应用互联网信息技术,逐步优化具体的教学评价过程,进一步完善教学评价体系,为学生提供多样化、智能化、现代化的教学评价过程。教师可以利用数据分析技术及数据处理技术,将学生的日常表现情况和课后作业完成情况,转化为数据形式,统一录入计算机系统中。

计算机系统内部则需要运用数据集成技术,将具体的数据进行层次划分和系统归纳。此种形式不仅可以帮助教师更加直观、清晰地分析各类重要数

据，也可以帮助教师准确了解学生当前的学习情况以及未来的能力发展目标，为后续的课堂教学活动奠定良好的基础。

教师还可根据需要，通过互联网信息技术加强课内外评价融合，请家长参与评价，增进对学生的了解，促进语文教学课堂评价。除了通过打电话、家访来加强与家长的联系，还可以利用微信、钉钉等社交软件来与家长进行沟通。以钉钉为例，钉钉上有检测学生背诵、朗读的 AI 智能软件，家长上传学生的朗读或背诵的录音，该软件能够测出学生在流利度、准确度和完整度这三个方面的得分，家长和教师都能够随时听到学生的朗读录音，了解学生的具体朗读情况。教师在课后加强与家长的联系，有利于加深对学生的了解，以及在课堂教学中进行有针对性的、差异性的指导和评价。

因此，在开展教学评价的过程中，教师要充分发挥互联网信息技术的现代应用价值，并不断提升教学评价过程的智能性与科学性，逐步优化语文教学评价过程。

总而言之，新课改背景下的小学语文课堂要求教师在教学观念上必须予以转变，重视提升学生的核心素养，更新执教理念和教学方式，还要创造趣味性的评价活动，让学生喜爱语文学科，实现综合素养的提升，获得全面发展。特别要强调的是，随着教学要求的不断提升，语文教师只有持续丰富自身的专业知识、提高自身的职业素养，才能不断地提升课堂教学评价能力，满足新时代教育的要求，为教学全面综合发展保驾护航。

表 8－1　小学语文教学评价表①

<table>
<tr><th colspan="2">项目</th><th>评价标准</th><th>权重</th><th>得分</th></tr>
<tr><td rowspan="3">教师素质</td><td rowspan="3">知识技能</td><td>语言规范、准确、丰富、简洁、生动、清晰、流畅，有个性化语言风格；教态亲切、自然，能以充沛的精力、饱满的热情、健康的心理感染学生</td><td rowspan="3">10%</td><td></td></tr>
<tr><td>知识面广，视野辽阔，信息处理综合能力强。课堂中能应用新知识、新方法、新理论、新手段、新技术</td><td></td></tr>
<tr><td>能够指导学生写字体美观、文字精美、立意新奇、结构精巧的文章。驾驭教学过程的能力强，善于调动学生的学习积极性，善于点拨、引导，善于应变。能恰到好处地评价学生的态度、表现、能力、个性、知识和技能</td><td></td></tr>
</table>

① 王梅，岳强，张宝利．小学语文课程与教学［M］．北京：中国言实出版社，2023：253.

续表

项目		评价标准	权重	得分
教学设计	教材处理	能突出课文特色和课型特点。根据教材特点和课型特点设计教学过程，符合语文各部分教学内容的相应要求	15%	
		能多角度利用教材，动态地处理教材，对教材有创造性的理解、处理和使用		
		能设计具有针对性的、创新式的课堂作业，安排足够的时间供学生完成作业		
教学设计	设计思路	能立足培养学生学习语文的兴趣，培养学生基本的语文能力，提高综合素养	15%	
		新颖有趣，能设置发散性、探索性问题，使学生产生想象和联想		
		能精当地、实在地体现语文核心素养目标，使目标符合学生实际和学生的发展需要。发现人文因素，实施人文教育		
教学过程	教师组织	能体现语文学科特性，能依据语文教学基本规律进行教学	10%	
		能突破课堂，体现综合性、开放式语文教育。以学生的语文实践活动为主		
		准确传输信息，让学生感到熟悉而新鲜，实现个性化语文学习。面向全体学生，注意到每一个学生的学习特点和需要		
	教学方法	能用最新的教育观念指导自己的教学，并自觉贯彻到教学中去	10%	
		教学内容和方式能前后联接、内外贯通、师生互补		
		教学方法的选择和运用灵活多样，切合文本、学生和教师实际，体现“对话”，增强学生参与意识，多向反馈和情感交流。重视学习方法的指导，善于培养学生的能力，善于开发有活力的语文学习资源		
	教学手段	合理运用各种教学媒体（含板书），做到目的明确、操作得当、效果明显	10%	
		板书合理并有创意，具备立体感、和谐感、鲜明感、流动感		
		根据学生情况，创设一个保证每个学生都能按照自己的个性进行自主学习的异步或同步教学情境		

续表

<table>
<tr><th colspan="2">项目</th><th colspan="6">评价标准</th><th>权重</th><th>得分</th></tr>
<tr><td rowspan="2">教学过程</td><td rowspan="2">学生活动</td><td colspan="6">实现“自主、合作、探究”，并有多种形式的读书活动</td><td rowspan="2">10%</td><td></td></tr>
<tr><td colspan="6">能给学生质疑、探究的机会。学生能有自己的心得，能提出看法或疑问，能发表创设性意见</td><td></td></tr>
<tr><td colspan="2" rowspan="3">教学效果</td><td colspan="6">课堂教学体现“实”“活”“新”；课堂时效性强，不同程度的学生都能得到应有的发展，从整体上达到教学目标</td><td rowspan="3">20%</td><td></td></tr>
<tr><td colspan="6">学生有自主学习的习惯，有竞争意识和合作意识；学生能够提出问题并善于发表见解，敢于创新；学生的求知欲望应得到满足；学生的学习成果当堂就能够得到巩固</td><td></td></tr>
<tr><td colspan="6">能合理地让学生进行积累、感悟、运用，使学生在教学过程中有实实在在的进步；能让学生产生继续学习、深入学习的学习欲望</td><td></td></tr>
<tr><td colspan="2">授课教师</td><td></td><td>得分</td><td></td><td>等级</td><td></td><td>评价者</td><td colspan="2"></td></tr>
<tr><td colspan="2">备注</td><td colspan="8">优秀：90～100 分　良好：80～89 分　合格：60～79 分　不合格：60 分以下</td></tr>
</table>

第三节　教学设计及案例分析

案例

教室里的世界（三年级上学期）①

一、学习主题和内容

（一）学习主题

教室里的世界。

（二）学习内容

1. 文本阅读。

（1）名篇：《富饶的西沙群岛》《海滨小城》《美丽的小兴安岭》。

① 周立群，王建峰，李尚生．小学语文课程与教学［M］．3 版．北京：教育科学出版社，2024：236.

（2）图画书：《坐着高铁去新疆》《北纬36度线》。

2. 拓展阅读。

门票、导游图、纪录片、《朱自清游记》《八十天环游地球》。

二、学习目标与课时安排

（一）学习目标

1. 阅读一组文章，领略名家笔下不同地方的景致，感受世界的美好，激发学生对世界各地风光的向往。

2. 能够选择自己喜欢的地方，运用文本中描写当地风光的方法，按照一定逻辑查找需要的资料，制作一张明信片，并在班级内布置展区，展示明信片。

3. 能够分工合作，查找自己向往之地的纪录片、门票、旅游攻略等相关资料，搜集该地的特色物品。

4. 借助搜集到的资料，基于自己的阅读体会，大方地向同学们介绍自己向往之地的情况。

（二）课时安排

2课时

三、学习情境

可以采用多种思路游世界：跟随大师的脚步，欣赏不同地方的景致，用世界美景装点教室；小组合作，查找更多资料，搜集具有地域特色的物品，丰富生活；举办“世界之窗嘉年华”，通过介绍自己喜欢的地方，了解世界各地风光，把世界带进教室。

四、学习任务与学习活动

表8－2　学习任务与学习活动设计

学习任务	学习活动	学习内容	课时安排
把世界带进教室	用世界美景装点教室	1. 阅读作品，感受世界风光：阅读《富饶的西沙群岛》《海滨小城》《美丽的小兴安岭》等作品，感受文字展示的美丽景致，互相交流分享最吸引自己的地方，发现作者是怎样把一个地方介绍清楚的。 2. 制作“我最向往的地方”明信片：交流分享自己最向往的地方，结合阅读和自己的旅行经历，制作一张“我最向往的地方”明信片。 3. 布置教室，展示明信片：自由结组，按照一定逻辑在班级内布置一个展区，展示明信片	1

续表

学习任务	学习活动	学习内容	课时安排
把世界带进教室	用世界丰富生活	1. 分组阅读：以展区为组，查找并浏览关于小组所展示地方或地域的门票、旅行攻略、纪录片等相关资料。 2. 丰富认识：分类记录阅读所得，丰富自己对所展示地方或地域的认识。 3. 搜集特色物品：可以搜集所展示地方或地域的特色物品，也可以制作相关联的创意物品	1
	世界之窗嘉年华	1. 准备介绍词：小组合作，整理自己找到的资料、搜集的物品，结合阅读体验，梳理自己的介绍思路，以合适的方式呈现。 2. 参观嘉年华：以小组为单位进行参观，了解世界各地的风光，学习其他展区的特色	

五、过程性评价与单元测评

表 8－3　过程性评价单元测评

评价类型	内容	评价标准
过程性评价	用世界美景装点教室	1. 在阅读中能够主动圈画让自己印象深刻的句子，互相交流时能够说出这个句子引发的感受。 2. 能够发现作品中介绍一个地方的方法，并有意识地运用到明信片制作中。 3. 在布置“我最向往的地方”展区时，能够按照“从不同方面介绍一个地方”的思路分组，或按照“搜集介绍同一个地方的不同文章”的方式分组，或同时介绍在某个方面有关联的几个城市，如“中国四大古都”
	用世界丰富生活	1. 小组合作时能够快速分工，有不同想法时能够相互讨论。 2. 能够从众多信息中找到自己需要的信息，并进行分类梳理。 3. 能够找到所展示地区或地域的特色物品，并能够有创意地制作相关联的物品
	世界之窗嘉年华	1. 小组分工明确，能够用自己的话解释查到的资料，形成自己的观点，并用合适的方式呈现这些资料。 2. 展区介绍分工明确，担任介绍任务的同学能够做到声音洪亮，仪态大方，及时回应其他同学的提问

续表

评价类型	内容	评价标准
单元测评	小组制作我的“旅行”见闻录	1. 小组成员人人参与，合理分工，各尽其责，能合作。 2. 结合嘉年华见闻，能够制作图文并茂、故事新颖、设计精美、有创意的见闻录

六、资源与工具

（一）资源

以中外作家的游记、图书为主要阅读资源；以纪录片、门票、导游图为补充阅读资料。

（二）工具

网络平台、演示文稿、过程性评价和单元测评的分级标准。

综合点评

“实用性阅读与交流”学习任务群指向生活。本案例以“教室里的世界”为主题，以自我表达为路径，以引领学生感受世界的奇妙与美好为目标，不仅关注学生语文综合素养的提升，更关注学生生命成长的需要。

本案例围绕“把世界带进教室”这个大任务设计了以下三个子任务。

子任务一：用世界美景装点教室。通过阅读名家作品，了解更多地方的景致；通过小组讨论确定自己最向往的地方，学习名家描写景致的方法，并将其体现在明信片上，然后通过布置展区进行创意表达。

子任务二：用世界丰富生活。通过分组阅读门票、纪录片、导游图等资料，搜集或制作特色物品，丰富对展示的地方或地域的认识。

子任务三：世界之窗嘉年华。小组合作准备展区介绍词，在分享自己阅读与布置展区的所得中，加深对“我最向往的地方”独特之处的认识。作为参观者，学生可以了解更多地方，学习其他展区的特色之处。

这三个子任务紧密围绕“把世界带进教室”这个大任务，引导学生感受世界的奇妙与美好，并以多种形式表达自己的收获。

拓展阅读

张凡. 乐教爱生 甘于奉献：大力弘扬教育家精神［N］. 人民日报，2023－09－27（4）.

第九章　小学语文教师的专业发展

第一节　教师专业发展的内容

教师的专业素质是教师作为专业人员应该具备的多方面的专业要求，具有多样性、时代性等特征。关于教师专业素质的构成，研究者从不同的角度进行了深入的分析。

根据教育部2012年印发的《小学教师专业标准（试行）》，教师专业发展的内容包含专业理念与师德、专业知识以及专业能力三个方面。

一、专业理念与师德

教师的专业理念与师德包括对职业的理解与认识，对学生的态度与行为，教育教学的态度与行为，个人修养与行为四个方面。师德是教师素养的根基与核心。教师践行师德是教师队伍建设之要义，是教师专业化发展不可缺少的内容。

（一）对职业的理解与认识

热爱祖国、热爱人民，拥护中国共产党，拥护社会主义，全面贯彻党和国家的教育方针政策，认真学习贯彻习近平新时代中国特色社会主义思想，自觉遵守教育法律法规，依法履行教师职责权利。

忠于人民教育事业，勤恳敬业，甘为人梯，乐于奉献，热爱教育事业，对工作高度负责，具有职业理想和敬业精神，把个人的成长进步同社会主义伟大事业、祖国的繁荣富强联系起来，为中国特色社会主义培养各类人才。

理解教育工作的重要意义，认同教师的专业性和独特性，遵循教育规律，诲人不倦，注重自身专业发展；具有良好的职业道德修养，为人师表，坚守高尚情操，严于律己，学高为师、身正为范，做学生的引路人。

关心集体，团结协作，尊重同事，具有团队合作精神，有大局意识、协作精神和服务精神，积极开展团队协作与交流。

（二）对学生的态度与行为

关爱学生，公平客观地对待每一位学生，激发学生学习兴趣，挖掘学生潜能，培养学生综合素质，重视学生身心健康发展，保护学生生命安全。

尊重学生独立人格，维护学生合法权益，不讽刺、挖苦、歧视学生，不体罚或变相体罚学生。

尊重学生个体差异，因材施教，根据学生身心发展的规律，主动了解和满足学生的不同需求。信任学生，积极创造条件，促进学生的自主发展。

（三）教育教学的态度与行为

树立育人为本、德育为先的理念，要加强学生的思想政治教育、品德教育，加强社会主义核心价值观教育，将学生的知识学习、能力发展与品德形成相结合，促进学生德、智、体、美、劳全面发展。

重视教育规律和学生身心发展规律，为每一位学生提供适合的教育，激发学生的求知心和好奇心，培养学生的学习兴趣和爱好，营造自由探索、勇于创新的氛围。引导学生自主学习、自强自立，培养良好的思维习惯和适应社会的能力。

注重综合育人，树立全员育人、全程育人和全方位育人的理念，进行教育创新，注重发挥好少先队组织的教育引导作用。

（四）个人修养与行为

对学生要富有爱心、责任心、耐心和细心，对工作高度负责，建立民主和谐的师生关系。

树立终身学习理念，不断进取、勇于创新、乐观向上、热情开朗、有亲和力，善于自我调节情绪，以积极乐观的心态应对各种教育问题。

要有良好的形象，要有良好的仪表，衣着整洁得体，语言规范健康，举止文明礼貌。

二、专业知识

掌握一定数量和质量的专业知识，形成科学合理的认知结构和知识结构，是成为专业人才的基本条件，教师职业也是如此。虽然目前教师专业知识的分类呈现出多样化的特点，但具备精深的所教学科的专业知识，广博的科学文化知识、教育与心理学知识、实践性知识以及新兴学科知识则是大家的共识。

（一）学科知识

学科知识是与教师任教学科相对应的专业知识。这是教师从事学科教学工作并保证教学质量的前提条件。教师只有完整、系统、扎实、精深地掌握学科专业知识，才能在科学体系中把握自己所讲授的学科，在教学中整体地处理教材，使知识以推论、结论等方式出现，展示知识本身发展的无限性和生命力，从而把知识“活化”。

（二）科学文化知识

实施素质教育，培养学生的综合素质和创新能力，教师的博学多才至关重要。教师职业的特点也决定了教师不仅要掌握所教学科的知识，而且要广泛学习相关学科和领域的知识。只有这样，教师才能真正在教育教学过程中解决跨学科的问题。教师应该广泛涉猎人文科学、自然科学和社会科学等领域的知识，具体来说包括哲学、语言、历史、文学、艺术、数学、科技、经济、信息技术等学科知识。只有具备广博的科学文化知识，教师才能拓展课程内容，丰富课程资源，灵活选择教学方法，满足学生多方面的兴趣和需要。

（三）教育专业知识

现代教师应具有的教育专业知识包括两个方面：

（1）一般教育学与心理学知识，其范围相当广泛，包括教育基本理论、心理学基础理论、德育论、教学论、教育心理学、课程论等，教师只有全面、系统地掌握一般教育学的基本知识，才能确立先进的教育思想，正确选择教学内容与教学方法，把自己所掌握的知识和技能科学地传递给学生，促进学生的全面发展。

（2）学科教育学知识，教师运用学科知识应该体现在特性上，而非内容上。即要训练人的教学思维与教学方法，对学科知识本身进行加工和再创造，把它变成学科教育内容。

（四）实践性知识

教师职业的本质特征是实践性，教师的一切知识最终服务于专业实践。教师的专业实践具有明显的情境特征，有时，教师需要在没有准备的情况下对课堂教学事件做出准确的判断和果断的决策。因此，教师必须具备这样一种知识：它能帮助教师运用科学的方法，探究问题产生的可能原因，了解问题的真相，在教学情境中面对具体问题时，进一步研究解决策略，采取合理的行动。这种知识就是所谓的教育情境知识，也叫实践性知识。与其他知识相比，这类知识对教师教学的促进作用更为直接。教师的教学活动不同于研究人员的科研活动，前者具有明显的情境性。优秀教师面对不确定的教学条件，能做出复杂的解释与决定，能在具体思考后再采取适合特定情境的行为。也就是说，教师要对教育活动在一个什么样的背景下展开有充分的认识，并且知道怎样利用这个背景达到最好的教学效果。把所教的学生按照学生特性、班级特性、学校特性或社区特性分成不同类别，研究在不同类别组合的教育情境下，如何设计教育活动才能利用这些情境中的有利因素，避免不利因素。

综上所述，教师不仅要有多方面的专业知识，而且要有多层次的复合知识，这体现在各层次知识的相互支持、渗透和有机融合上。这种综合性的专业知识体现为教师教育行为的科学性、艺术性和个人独特性，体现为教师精神生活的丰富性和发展性。在专业上，教师需要成为一个真正的终身学习者。而且，教师的专业知识应该是开放的、实践的，应该随着社会科学和教育理论的发展、教师个人实践经验的积累以及教师对教育的经验和认识的变化而变化。只有这样，教师的专业知识才能适应时代的变化，适应教育实践发展的要求。

三、专业能力

教师专业能力是教师专业发展结构的重要组成部分。传统的教师能力观是建立在语言表达能力和组织管理能力的基础上的，与教师的基本任务是传授知识和管理学生的观点相对应。当今社会赋予未来教师更多的责任和权利，对教师提出了更高的要求和期望，教师需要持续提升个人能力才能胜任。

（一）教育教学能力

教育教学能力是提高教学质量的保证，主要包括教学设计能力、教学实施能力和学业考核评价能力。教学设计能力是指教师以基本的专业知识和教学技术为基础，根据课程标准或教学大纲的要求，设计适当的年度教学计划、单元教学计划和课时教学计划的能力；教学实施能力是指教师根据教学实际情况而设计的有效实施教学计划的能力和控制教学情况的能力，如综合选择和运用教学方法的能力；学业考核评价能力是指教师能根据国家的教育教学目标，运用恰当的、有效的工具，系统地收集学生学习过程的信息和证据，并对学生的知识和能力水平等进行价值判断的过程。

（二）教育科研能力

教育科学研究是教育变革自身的要求，也是新时代教育工作者的专业职责之一。教育科研能力是教师在有意识地学习、总结、提高的过程中，逐渐形成的一种动态地认识和改造教育的能力。教育科研能力主要包括科研课题的选择能力，课题实验方案的制作能力，课题实验的操作能力，实验资料的收集、整理和分析研究能力，课堂教学的科学研究能力，科研论文、研究报告的撰写能力等。在知识经济时代，教师迫切需要从知识的传递者向教育实践的研究者转变。因此，教师应该探索教育规律，反思自己的教育实践，成为教育的研究者。教师不仅仅是教师，更是学者、研究者和专家。

另外，教师也拥有丰富的研究机会和最佳的研究视角。这为教师成为研究者提供了可能。教师最主要的活动场所是教室，教师可以通过一个科学研究过程来系统地解决课堂中遇到的问题，这使教师拥有了研究机会。实践表明，教师有能力对自己的教育行为加以反思、研究与改进，提出最贴切的教育建议。因为由教师来研究改进自己的专业工作乃是最直接、最适宜的实践改进方式。

（三）沟通与合作能力

在新的时代背景下，教师的人际关系发生了巨大的变化，课程改革要求教师具备较强的沟通与合作能力。首先，课程改革强调通过交往重建人文、和谐、民主、平等的师生关系。对学生而言，交往意味着主体性的产生、个性的提升和创造力的发挥。对教师而言，交往意味着课堂教学不再是简单地传授知识，而是与学生一起探索和理解知识；教学不仅是教师身心的投入，更是教师专业成长和自我实现的过程。其次，课程改革强调教师之间的合作。在课程改革实施过程中，合作学习强调学科课程的整合。特别是综合实践课程的出现，对教师之间的合作提出了新的要求。教师之间的协调与密切合作尤为重要。教师合作的实现需要良好的沟通能力、理性的判断以及换位思考的能力。课程改革特别要求师生之间的合作与交流，共同构建、共同促进、共同生成课程。

（四）创新能力

在教育全球化的今天，时代对教师的教学创新能力的要求日益凸显，特别是在我国当前的教育改革进程中，教师是否具有创新意识和创新能力，成为改革成败的关键。因此，教师应主动创新。

并且，随着知识经济时代的到来，人类的生存将极大地依赖知识的创新。由于教育与社会创新的密切关系，教育成为这个时代人们关注的焦点。这种变化体现在教师身上，即教师不仅要传授知识，而且要培养学生的创新意识和创新能力。

（五）终身学习能力

终身教育理念认为教师应该是积极的学习者，教师学习的目的是促进教师个体的发展，而非作为外在目的的手段和工具。教师在学习型社会的形成中起着关键作用。可以说，如果没有终身学习的教师，就没有终身学习的学生，就不可能形成学习型社会。因此，教师必须成为终身学习的典范。

随着终身教育理念的诞生，教师教育越来越重视教师在职教育。但从“教师教育”的概念来看，由于“教育”一词的使用，人们的观念很难将“教师培训”转变为“教师学习”。从“教师培训”的角度来看，很多教师都是被迫学习的，处于被动状态。改变这种状况的方法就是让教师面对这样一种社会状况：没有学习就难以生存。我们还应使教师形成这样一种观念：终身学习是教师的生存权，教师需要有终身学习的意志和能力。

第二节　教师专业发展的过程

基于教师专业发展阶段的探讨，中外学者都认为教师专业发展是贯穿整个职业生涯、不断变化的连续过程。因此，教师要清醒地认识到每个阶段的特点和需要解决的问题，以终身学习的理念来指导自己的职业规划，在各方面不断提升，促进自我发展。具体而言，教师专业发展途径主要包括职前教育、入职培训、在职提升等。

一、职前教育

职前教育是指根据国家颁布的教师专业标准，对有意愿准备从事教师职业的人员所进行的教师教育，是教师个体专业发展的起点和基础。同时，职前教育也是实施系统化教师专业发展的重要途径，可以帮助准教师形成职业理想、认同教师职业规范、获取专业知识与技能。传统的教师职前教育主要由师范教育完成，现在则更多地使用“教师教育”的概念，鼓励综合大学和非师范院校参与教师培养工作，实现教师教育机构多元化，以适应现代教师教育的需求。国内相关领域研究者认为职前阶段教师应该具备的专业素质如表 9－1 所示。

表 9－1　教师专业素质结构分类

研究者	教师专业素质结构
叶澜	专业理念、知识结构、能力结构
艾伦	学科知识、行为技能、人格技能
林瑞钦	学科知识（能教）、教育专业技能（会教）、教育专业精神（愿教）
曾荣光	专业知识、服务理想
白益民	教育理念、知识、能力、专业态度和动机、自我专业发展需要和意识

根据上面的分析，尽管表述各有差异，但我们不难看出，各位学者对于教师基本素质的归纳存在相对一致性。据此，教师的职前教育主要内容有培育专业理念与师德、完善专业知识结构和提升专业能力。

二、入职培训

入职培训是对已经获得教师资格并被教育机构或学校聘用的人员实施的入职教育。入职培训的主要对象是初任教师，从目前的研究成果来看，学术界一般把教师从教的前三年作为入职教育的关键时段，主要针对初任教师在其职业适应阶段可能遇到的问题以及需要应对的相关事务进行培训。入职培训的时间一般不长，以短期的系统培训为主，校内辅导为辅，强调实践能力的培养，主要采用集中和分散相结合的方式，大多由经验丰富的一线教师担任培训教师，注重教育教学的现场指导，帮助初任教师把所获得的学科和教育专业知识有效地转化为教育教学技能，尽快适应教师工作岗位，胜任教师角色，较好地融入学校教育工作。

从理论层面来讲，教师入职培训主要有以下六种形式：

（一）教学指导

教学指导也称为师徒式教学指导，学校会安排有经验的教师担任初任教师的指导教师（师傅），与初任教师结成对子，进行一对一地传、帮、带，帮助初任教师掌握课堂技巧，把所学的知识技能运用于教学实践。这是教师入职培训计划中最常采用、最有效的一种形式，也是新入职教师快速成长的重要途径。

（二）集中培训

在入职期间，组织初任教师进行脱产集中培训。集中培训一般由地方教师中心或高等教育机构中的教师教育学院召集，培训的时间长短不一。集中培训有两个突出优点：一是培训内容正规，按照国家对初任教师的要求来进行培训；二是培训时间集中，便于初任教师深入钻研、系统学习，培训效果显著。但是，集中培训不应是入职培训的全部，在集中培训以外的时间初任教师也应获得支持和帮助。

（三）研修

所谓研修，就是以研究问题的方式开展初任教师入职培训，其特点是联系中小学及幼儿园教育教学实际问题，在研究解决这些问题的过程中提高初任教师的素质和能力。

（四）进修

初任教师在高等院校中的教师教育机构进修相关课程，通过对这些课程的学习来促进自己专业水平的提高。进修课程一般有两类：一类是与入职期的教学实践密切相关，旨在发展实践技能的课程，如有关学科教学法、班级管理、中小学生身心特点等方面的课程；另一类是旨在取得更高一级的学历或学位的系统课程，如在职硕士或博士学位课程等。

（五）教师热线

在某些发达地区，教育行政部门为初任教师提供热线服务，以解决他们初入职场时遇到的各种问题。热线的主持人或值班者可以由本学区内有经验的教师担任。如果涉及某一特殊领域的问题，主持人或值班者可将问题转给权威人员，并及时给提问者回复电话，确保所提问题得到解决。

（六） 网络支持

通过互联网对初任教师提供支持和帮助，是在信息社会中出现的一种新型教师教育形式。教师教育机构和地方教育管理部门可建立旨在帮助初任教师的入职教育网站，开设政策法规、问题咨询、信息服务等栏目。同时，网站还可以通过论坛让初任教师自由发表观点和体会，或与其他初任教师共同探讨问题。

上述各种教师入职培训形式，只是向初任教师提供支持的形式以及解决问题的侧重点不同而已，其最终目标则是一致的，那就是促进初任教师的专业发展。在实践中，教师入职培训计划可能包括一种形式，也可能是几种形式的组合，还可能是一种或几种形式的变种，这受培训目标、培训主体及资源等因素制约。

三、 在职提升

教师在入职较长一段时间后，仍然可以通过各种途径提升自己。从宏观角度上来说，在职提升是为了适应教育改革和发展的需要。对教师个体而言，在职提升是为了满足教师个体专业成长的需求。特别是知识经济和信息社会的到来，各种信息日益加快的更新速度对教师的学习提出了新的挑战，因此，教师必须有持续发展的意识和能力，不断学习和吸收新知识，进行自我更新。

（一） 进修培训

进修培训是指教师到大学或者教师教育学院参加学历教育或短期培训。其中，学历教育一方面可以使年龄大而学历不达标的教师在学历上符合要求；另一方面，满足学历要求的教师的不断提高也符合终身学习的理念。另外，由于在职培训都是专业对口的培训，可以切实提高教师的专业水平和教学能力。短期培训大多是项目培训、业余进修，如新课程培训、新教材培训、骨干教师培训等。随着我国教师教育的发展，教师参加各种培训的机会大大增多。

（二）参加学术团体与学术活动

参加学术团体与学术活动是教师职业专业化的标志之一。对教师个人而言，参加教育学术团体与学术活动也是提高专业水平的要求和途径，对自己有多方面的帮助。例如，通过交流可以及时获得专业方面的最新信息和动态；通过学术会议可以促进科研，提高写作能力、思维能力等；在团体中结交朋友，构建互通有无的通道；通过比较，还可以发现自己的优势与不足，促进自我反思。

（三）教育考察、观摩与实践

《学记》指出："相观而善之谓摩。"教育考察与观摩也是教师向他人学习、学习先进的教育理论与实践经验的重要途径。考察与观摩对于教师学习先进的教育理论与实践具有重要的启发作用。教师要想在教学实践中成就自己的专业发展，就必须投入到课堂实践中去，将自己融入课堂教学情境之中，就像游泳一样，要想游得好，必须在水中勤学苦练，仅在岸边研究，一辈子也练不好游泳。

（四）教学反思

在教学中反思，以反思促进教学，两者相互依存，不可或缺。由于职业的特殊性，教师面对的是变化的环境和个体，并没有通用的方法，也没有一种策略可以称之为最佳策略。所以，教师只有不断研究新情况、新环境、新问题，并不断反思自己的教育教学行为，才能适应教育教学工作，促进自身专业发展。

教师的教学反思是对自己的教育教学过程进行系统的思考和探索的过程，形式上主要可以分为内省式反思、交流式反思、学习式反思、研究式反思等，可以通过撰写教育案例、教育故事、教育日记、教育心得等方式来完成。教学反思的过程就像自我解读，包括活动前的反思，活动中的观察、判断、介入指导和活动后的总结、评价等。教师的教学反思与其他的专业发展途径不同，它是一种自设的教育，是教师主动自觉的专业化建构，所以，无论是在针对性上还是在个体的满足感上，都是其他途径所无法替代的。

（五）校本教研

校本教研是近年来在我国的学校中出现的一种重要的教师专业发展模式。它强调"基于学校""为了学校""在学校"，突出学校的实际特色。校本教研不同于高等教育机构教师教育学院的培训，前者最常见的形式是听课、评课，还有专家讲座、教师沙龙等，教师从这些活动中可以得到更贴近实际的帮助。

总而言之，教师专业发展的途径在不同文化或国家背景中的表现可能会略有差异，但都大同小异，而努力追求优化、高效的教师专业发展途径，也是各国教师教育实践的共同目标。

拓展阅读

邹翔. 胸怀天下 以文化人：大力弘扬教育家精神［N］. 人民日报，2023－09－28（4）.

参考文献

［1］胡冰茹，赵芝华，陈珊丹. 小学语文课程标准解读与教材分析［M］. 苏州：苏州大学出版社，2024.

［2］周立群，王建峰，李尚生. 小学语文课程与教学［M］. 3版. 北京：教育科学出版社，2024.

［3］伍晓梅，李桃红. 小学语文课程与教学［M］. 南昌：江西高校出版社，2023.

［4］潘新民，王丽华. 小学语文教学设计与案例分析［M］. 北京：北京师范大学出版社，2023.

［5］王梅，岳强，张宝利. 小学语文课程与教学［M］. 北京：中国言实出版社，2023.

［6］文君. 小学语文课程与教学［M］. 长沙：湖南师范大学出版社，2023.

［7］孙建龙，陈薇. 小学语文课程理解与教材分析［M］. 北京：北京师范大学出版社，2023.

［8］彭小明. 小学语文课程与教学论［M］. 上海：上海交通大学出版社，2023.

［9］陈薇. 文本解读与小学语文教学［M］. 北京：北京师范大学出版社，2023.

［10］王萍. 小学语文课程与教学［M］. 广州：广东高等教育出版社，2023.

［11］吴忠豪，丁炜. 小学语文课程与教学［M］. 4版. 北京：中国人民大学出版社，2023.

［12］曾文婕. 小学课程与教学论［M］. 北京：中国人民出版社，2023.

［13］高丽萍. 小学教师专业发展研究［M］. 延吉：延边大学出版社，2023.

[14] 房艳梅. 小学语文课程标准与教学设计 [M]. 南京: 南京大学出版社, 2023.

[15] 罗雅萍. 小学语文教学设计与案例分析 [M]. 2 版. 北京: 中国人民出版社, 2023.

[16] 周静, 李楠, 张雪, 等. 小学语文课程与教学 [M]. 济南: 山东人民出版社, 2023.

[17] 葛明荣, 李超. 教师职业道德与专业发展 [M]. 北京: 高等教育出版社, 2022.

[18] 王萍. 教师职业道德与专业发展 [M]. 开封: 河南大学出版社, 2022.

[19] 高子阳. 30 天读课程标准: 小学语文特级教师的阅读记录 [M]. 济南: 济南出版社, 2022.

[20] 郑国民, 李宇明. 义务教育语文课程标准（2022 年版）解读 [M]. 北京: 高等教育出版社, 2022.

[21] 中华人民共和国教育部. 义务教育语文课程标准（2022 年版）[S]. 北京: 北京师范大学出版社, 2022.

[22] 肖晓燕, 王宗海. 小学语文教学技能 [M]. 2 版. 上海: 华东师范大学出版社, 2022.

[23] 吴义昌. 教师专业发展概论 [M]. 北京: 北京师范大学出版社, 2022.